Izabel Cristina Heberle
Cristina Schonwald de Oliveira

Frequências do Despertar

Espiritualidade, autoconhecimento
e consciência do ser

1ª edição / Porto Alegre-RS / 2021

Capa e projeto gráfico: Marco Cena
Revisão: Gaia Revisão Editorial
Produção editorial: Maitê Cena
Produção gráfica: André Luis Alt

Dados Internacionais de Catalogação na Publicação (CIP)

H445f Heberle, Izabel Cristina
Frequências do despertar : espiritualidade, autoconhecimento e consciência do ser. / Izabel Cristina Heberle, Cristina Schonwald de Oliveira. – Porto Alegre: BesouroBox, 2021.
160 p. ; 14 x 21 cm

ISBN: 978-65-88737-38-5

1. Espiritualidade. 2. Autoconhecimento. 3. Autconsciência. I. Título. II. Oliveira, Cristina Schonwald de.

Bibliotecária responsável Kátia Rosi Possobon CRB10/1782 CDU 130.1

Copyright © Izabel Cristina Heberle e Cristina Schonwald de Oliveira, 2021.

Todos os direitos desta edição reservados a
Edições BesouroBox Ltda.
Rua Brito Peixoto, 224 - CEP: 91030-400
Passo D'Areia - Porto Alegre - RS
Fone: (51) 3337.5620
www.besourobox.com.br

Impresso no Brasil
Abril de 2021.

Sumário

Prefácio 7
Apresentação 11

Parte 1 .... **15**
Introdução 17
1. Quem é o meu mentor? 21
2. Coisas da vida 24
3. Amor e vida 27
4. A oração 30
5. Florais – a magia das flores 33
6. Percepções I 36
7. Percepções II 38
8. A viagem para dentro de si 41
9. Quebra de ciclos 44
10. A caminho da compreensão – sou ou estou? 47
11. Memórias de uma vida 52
12. A lição do rio 55
13. Onde encontro um grande amor 57
14. Descobrindo o Egito 60
15. A revolução da alma 63
16. Como andam as nossas percepções? 65
17. Quais são as suas expectativas? 67
18. Reflexão sobre "dar um jeitinho" 70
19. Como anda o meu julgamento? 73
20. Como seria "Se" 76
21. Reflexão – autoconhecimento 78
22. O dia ideal! 81
23. Texto para ler a cada virada de ano 83

24. Procrastinação 85
25. Aatma Vichaara – a meditação do ser 88
26. E o vento encontrou o mar! 90
27. O que significa este momento para você? 93

Parte 2 97
Introdução 99
1. Iniciando nossa jornada 103
2. Rumo à terceira idade 105
3. Respeitando o idoso, honrando a vida 108
4. Será o idoso motivador de mudanças? 110
5. O desafio de uma separação 113
6. Finitude 116
7. Olhar zeloso 119
8. Olhar amoroso 121
9. Treinando a paciência 123
10. Refletindo sobre a depressão em idosos 125
11. O lado invisível da depressão 127
12. Despertando para a vida, afastando a depressão ... 130
13. Mudanças que chegam com o envelhecimento 133
14. Um animal de estimação e um idoso:
    a melhor parceria 135
15. Festejando os momentos na velhice 137
16. Viajando, passeando, saindo da rotina 139
17. A dança do tempo 141
18. Estou me aposentando, e agora, o que fazer? 143
19. Você já pensou em morar na praia? 145
20. Mudando de vida: um convite para
    se conectar com o mundo das plantas 147
21. Mudar de vida também é acolher as diferenças ... 150
22. Onde buscar a alegria? 152
23. Tempo de amar 155
Considerações finais 157

Prefácio

"O homem não pode descobrir novos oceanos, a menos que tenha coragem de perder de vista a costa"
(André Gide).

Caro leitor, é com imensa alegria e honra que escrevo o prefácio desta obra. O convite adveio das autoras que há muito se dedicam a compartilhar e orientar por intermédio de seus estudos, especializações e vivências nesse mundo infinito de possibilidade que o autoconhecimento abrange. Trata-se de duas almas de luz com enorme bagagem sobre o aprender e o ensinar nessa linda jornada de autodesenvolvimento. De forma generosa, decidiram compartilhar seus conhecimentos e experiências neste livro, por isso usufrua com deleite esta leitura.

O livro é um compilado de artigos e reflexões advindos do site Espaço do Desenvolvimento do Ser (https://espacomultidimensional.com.br/), onde ambas as autoras compartilham seus saberes e suas vivências sobre suas áreas de dedicação. Você irá experimentar a sequência artigos separados em duas seções. No primeiro segmento, encontram-se os artigos redigidos pela autora Izabel Cristina Heberle, abordando de forma suave e abrangente alguns dos inúmeros questionamentos que nos assolam durante a caminhada do despertar. Já no segundo bloco, é possível adentrar no tema sobre a Terceira Idade/Feliz Idade, em que a autora Cristina Schonwald trata de maneira amorosa, com base em sua vivência, essa etapa da vida que, muitas vezes, é negligenciada.

Os artigos se encontram aqui de forma independente, isto é, não precisam necessariamente ser consumidos em ordem. Se for de sua preferência, evidentemente, pode lê-los de forma subsequente, mas aproveito para lhe fazer um convite. Considerando que você adquiriu este livro, suponho que esteja em busca de se conhecer, por isso influo que se entregue durante esta experiência, sentindo esta leitura de forma consciente. E de que maneira fazer isso? Reserve um momento para si, em um ambiente tranquilo onde não haja interrupções, e se conecte com essa energia de entrega, percebendo qual a melhor forma de ler cada uma dessas páginas, que foram escritas com a intenção de auxiliá-lo na sua trajetória. Deixe-se ser guiado pelo seu coração, conectando e ressoando com o que ele necessita no momento presente, pois é, de fato, o único que temos. O livro tem o intuito de fazer você viajar profundamente para dentro de si, lugar este que muito tem a ensinar e só busca uma oportunidade de se fazer ouvir. Você pode se surpreender aonde será levado, e lembre-se de que a entrega é parte fundamental do processo.

Em diversas ocasiões, não nos apercebemos que estamos aqui para evoluir, mas enquanto postergarmos o olhar para dentro, mais sem propósito e sem sentido vai se tornando nossa caminhada. Neste exemplar, você encontrará um mar azul de assuntos, isto é, cada leitura é uma nova chance para você se conectar, seja com você, com seu momento ou com alguém próximo que vive aquela experiência. Cada um de nós tem o seu sentir, portanto, deixe a leitura fluir e não se cobre.

Pode ocorrer que a leitura de um artigo sobre a viagem para dentro de si ressoe com o que você buscava, como também pode acontecer uma identificação com o artigo sobre a importância de se ter um olhar mais zeloso com aquele ente querido que está vivenciando a Melhor Idade, ou ainda aquele empurrão que faltava para deixar ir quem você era para caminhar em busca de quem quer se tornar.

São páginas ricas de ensinamentos que podem auxiliá-lo a perceber algo que precisa ser transformado, e isso é valoroso. Há nestes conhecimentos e vivências uma oportunidade incrível de curarmos nossa relação com nós mesmos e com as pessoas que estimamos. O *Frequências do despertar – espiritualidade, autoconhecimento e consciência do ser* vem ao encontro desse recolhimento e tem como objetivo incitar você a se permitir olhar com mais afeição, compaixão e amor para a sua jornada. Acolher com carinho o que passou, mas permitindo que os passos dados não sejam esquecidos e que lhe deem mais confiança para os próximos em direção ao futuro que almeja.

Antes de finalizar este prefácio, quero parabenizá-lo por aceitar este chamado e ir em busca da construção de uma melhor versão de si mesmo. Se está lendo estas linhas é porque está à procura de mudanças e recorrendo a ferramentas auxiliares – como este livro –, sabendo que as transformações começam antes de mais nada dentro de você mesmo.

Faça esta leitura de coração e alma abertos e permita-se sentir e vivenciar o que irromper. Em um primeiro momento pode ser assustador, mas, posteriormente, acredite, será libertador, e isso depende somente do seu movimento, do seu querer. Você é o capitão desse barco, pode alterar a rota quantas vezes forem necessárias, mas não veja isso como motivo de desânimo, e sim de presença, pois isso mostra que você está vivo e, enquanto estiver, tudo é possível!

Entregue-se a esta viagem para dentro de si, sem julgamentos ou resistência, sinta com todo o seu Ser, acolha os sentimentos e as emoções, mas não se prenda a eles e rume em frente ao seu autodesenvolvimento. Você passará por diversas experiências e emoções durante a leitura que farão você sair diferente desta caminhada. Desfrute com prazer, calma e tranquilidade estas páginas de ensinamento puro.

Boa leitura!

Josiane Medeiros
Criadora e autora do blog *Inspirações da Musa*

Apresentação

Há muito tempo, começamos a escrever pequenos artigos que pouco a pouco foram evoluindo. Desde então, nosso propósito foi o de compartilhar com outras pessoas os nossos estudos e a maneira como vemos este mundo maravilhoso que nos cerca – um mundo cheio de ilusões e, por vezes, cruel, porém um mundo cheio de descobertas e com uma gama imensa de oportunidades de crescimento e evolução.

Em parceria, começamos um trabalho de construção e ressignificação de um todo, conversando, compartilhando e crescendo juntas. A cada artigo publicado, tivemos inúmeros retornos, o que nos motivou a escrever cada vez mais e transformar todo esse conteúdo em um livro onde poderíamos alcançar mais pessoas com o mesmo ideal.

Assim, buscamos compartilhar nossos saberes sobre espiritualidade, autoconhecimento, florais e, não poderíamos deixar de falar, sobre a fase da vida que nos assusta e, ao mesmo tempo, nos empodera: a Terceira Idade ou a Idade do Mago. É chamada Idade do Mago porque, ao chegarmos neste ponto da jornada, já aprendemos muito, experenciamos tantas coisas que é possível dividir essa sabedoria da caminhada com os demais. Procuramos falar sobre essa fase da vida e ir traçando um caminho de bem-estar, fazendo e respondendo muitas perguntas, afinal, todos vamos chegar lá um dia, não é mesmo?

Agora compartilhamos estes aprendizados em forma de mensagens para serem degustadas em momentos de necessidade ou simplesmente de curiosidade, ou ainda de estudo, o estudo do SER. Descobrir o universo da terceira idade é como navegar por mares com águas que ora podem se apresentar calmas e serenas, ora agitadas e revoltas, a cada dia de forma diferente, mas sempre surpreendente. Só foi possível entender esse universo do idoso com a convivência diária e a aceitação de mudanças e diferenças.

Temos como objetivo compartilhar informações e conhecimentos que auxiliem e gerem reflexão em quem está em busca de respostas para o seu momento, ou que não sabe por onde começar a sua busca espiritual. Dessa forma, queremos contribuir para a conscientização do momento planetário em que estamos vivendo, despertando a compreensão de que somos seres integrais, não fragmentados, desenvolvendo assim uma consciência ampliada de quem realmente somos e de qual é o nosso propósito nesta caminhada aqui no planeta Terra.

Compartilhamos aprendizagens adquiridas de experiências com um grupo da terceira idade, uma clínica geriátrica e vivências com familiares. Muito estudo nas áreas da Geriatria e da Gerontologia, assim como entrevistas e conversas com médicos e outros profissionais que atuam com a terceira idade, formaram, juntamente com a busca e o apoio da espiritualidade, a base para esta jornada.

As mudanças que ocorrem naturalmente na velhice foram estudadas e observadas nesse grupo. É uma nova descoberta do quanto precisamos ter um olhar amoroso e zeloso para com todos que nos cercam e estão nessa fase. Os conhecimentos e as vivências são muitos, e aqui somente alguns estão pontuados em breves reflexões, como um convite a acolher uma forma mais flexível e respeitosa de olhar e entender o processo do envelhecimento.

Estamos sempre aprendendo algo novo ou reaprendendo a enxergar os diferentes fatos que a vida nos coloca diariamente. Este tem sido o novo olhar, pois sabemos que sempre estamos nos construindo e, muitas vezes, nos desconstruindo de crenças e modos de pensar, agir e viver. Novos desafios estão sempre presentes, como oportunidades para o autoconhecimento e para nos tornarmos mais empáticos com o próximo.

Que estes textos possam encontrar ressonância no seu coração, levando alegria, conforto e despertando a vontade de se aprofundar mais no conhecimento para sua jornada. Somos caminhantes em um maravilhoso planeta que nos permite crescer diariamente com as novas aprendizagens que nos desafiam constantemente.

Boa leitura!

As autoras

Izabel C. Heberle

PARTE 1

Introdução

É curioso como não nos preocupamos com as coisas que têm real importância em nossas vidas. Fazendo uma reflexão a respeito de todas as questões que permeiam os nossos dias, podemos com certeza observar que o tempo que investimos em certos desgastes não tem sentido.

Qual o motivo dessa afirmação? O tempo passa e todos envelhecemos, também estou nesse caminho, não falo em idade, em contar os anos por meio dos aniversários, falo do tempo que passa de uma forma constante – ele não nos espera desfazer ou consertar os nossos equívocos (não gosto de usar o termo "erros"), ele segue acontecendo. Cometemos esses equívocos por falta de conhecimento, maturidade e experiência – coisas que somente o tempo nos dá.

Pacientemente, esse tempo repete as lições de forma que possamos aprendê-las para seguir em frente. Demoramos, por vezes, mais tempo do que o necessário por conta da teimosia, arrogância, do ego e de não dar o braço a torcer (orgulho).

Então, um belo dia acordamos, nos olhamos no espelho e já se passaram 50, 60, 70 anos e por aí vai. Nesse momento, queremos voltar no tempo, e aí começa o saudosismo: "ah, se eu tivesse feito de outra forma, agora tudo seria diferente...". Seria, mas não é. O tempo não volta para que você conserte o que precisa, porém, ele nos dá a oportunidade de fazer diferente a partir deste novo momento. Sempre podemos mudar e aprender coisas novas. Gostaria de dar uma sugestão: não olhe para trás querendo que fosse diferente, olhe para frente e faça diferente daqui em diante!

Lembrar é bacana, é divertido, mas são lembranças e não podem nos afetar no aqui e agora e não servem mais como muletas para sustentar vícios e vitimismo. Por isso, as lembranças estão no passado, e o futuro você está criando no agora.

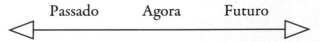

Passado   Agora   Futuro

Você não tem que se esquecer de nada, só precisa fazer as pazes com sua história e escrevê-la diferente a partir do momento que tem consciência de que você é um ser inteligente, maduro e cheio de oportunidades para recriar novas situações, aproveitar para conscientemente curar aqueles ranços que devem, sem sombra de dúvidas, ficar no passado. O nosso agora é permeado de boas situações, de novos aprendizados, novas amizades e novos conhecimentos.

Que tal pensar em fazer algo que você imagina que não tem mais idade para fazer? Lembre-se que sempre há tempo, e a idade ideal é aquela em que você está.

Viajar, passear, conversar, ler um bom livro, curtir uma taça de vinho ao pôr do sol, ir para o campo, interagir com a natureza, tem tantas coisas que podem ser saboreadas e vividas com alegria que perder tempo com mágoas passadas e infelicidades que já estão corroídas é um autoflagelo desnecessário.

Este é um livro de mensagens, em que colocamos nossas experiências, jornadas e nossa transição a partir do momento que mudamos a nossa consciência sobre o que nos cerca. Que você possa encontrar em alguma das nossas experiências uma luz, uma centelha de alegria e aprendizado, percebendo que tudo está a seu favor, se você estiver a seu favor.

Somos seres plenos de capacidades, não importa a idade cronológica. Se você se ligar à sua idade espiritual, que é imortal, o tempo não será mais empecilho, ele será o aliado perfeito para sua jornada.

1
Quem é o meu mentor?

Você já se perguntou isso? Quem será o seu mentor? De onde vem e quais são seus superpoderes? Nossos mentores, reais ou imaginários, são muitos durante nossa vida. Não podemos nos esquecer de que cocriamos a cada momento e, na maioria das vezes, nem o escutamos quando ele diz: "cuidado com o que está pensando..."

Somos imediatistas, queremos tudo resolvido rapidamente. Em certos casos, chegamos a repetir: "não importa como, mas vou resolver isso". Se realmente importasse, você optaria por frear seus instintos imediatistas e refletiria com calma sobre o que pensa e o que fala?

Palavras têm poder, sim, muito poder. A palavra equivale ao Verbo da criação. Nas magias, o verbo, o comando, é que tem poder de movimentar as energias, mais do que os elementos usados para caracterizar e compor a magia.

"É absolutamente certo que o Verbo, em virtude da ressonância universal, tem a propriedade de despertar o que está latente no ser, e, uma vez emitido, certos sons põem em vibração, também por ressonância, os poderes ocultos no âmago do nosso subconsciente. Esta é a Magia do Verbo, através da qual todas as coisas foram [são e serão] feitas" (*Jorge E. Adoum*).

"Enfim, Deus está falando conosco o tempo todo por meio de sua criação. Mas, se é assim, no entanto, há uma forma de ouvi-lo e compreendê-lo que é insuperável: é através do seu Verbo Divino ou do seu pensamento criador, no qual tudo o que Ele pensa começa a existir" (*Rubens Saraceni*).

Em nosso dia a dia, quantas das palavras que proferimos são bênçãos? Será que só proferimos e cocriamos bênçãos? De modo consciente e inconscientemente, cocriamos. As longas viagens que fazemos dentro do nosso mental, os pensamentos que formulamos em nosso dia têm o poder de nos energizar ou de nos afligir. A maior parte dos nossos pensamentos tem o poder de nos jogar na insegurança, na dúvida. Ao final do dia, estamos esgotados, sem energia, aprisionados em sensações que fomos criando durante todo o tempo.

Escolhemos o que ouvimos. Fazemos escolhas com base em tudo o que permeia o nosso dia, porém não temos a consciência disso, pois esse processo se tornou automático para o nosso cérebro, que não diferencia a realidade da ilusão, ele apenas processa os dados. Tudo o que pensamos, para o nosso cérebro, é realidade.

E onde entra o nosso mentor em tudo isso? A essa altura, ele também já está exausto de tanto tentar chamar a nossa atenção. Cada um de nós tem a liberdade de agir e de pensar, por isso, temos de entender que o mentor só entrará em nossas vidas exatamente no momento que escolhermos. Podemos trabalhar o nosso dia em parceria com ele, ou não.

Muitas vezes, vemos o mentor como algo separado e o colocamos na categoria da crença, da religião ou do intangível, mas assim criamos a distância, quando deveríamos criar a proximidade. Se o tirássemos da categoria de observador e o colocássemos lado a lado, como parceiro cocriador da nossa realidade, daríamos mais suavidade à nossa caminhada.

Nomear como mentor, anjo, guia, arcanjo, protetor, não importa como você o reconheça, talvez você o tenha apenas como a energia que o acompanha, e não há problema algum. Quem é ele? Será que é tão importante saber quem é ele, ou o importante é acreditar que ele está ali com o firme propósito de nos orientar, acompanhar e cuidar? Então, tudo se resume em **acreditar**, verbo que traz o poder e a manifestação da **fé**.

2
Coisas da vida

Fazendo uma reflexão sobre todas as questões que hoje estão envolvidas em nosso dia a dia, lembrei-me de uma antiga história. Trata-se de um conto sobre a felicidade.

Antigamente, poucas pessoas paravam para pensar em coisas como felicidade, por exemplo, todos seguiam a vida cumprindo com as suas obrigações, suas tarefas e atribuições, não havia tempo para ficar discutindo sobre o que exatamente tinha que ser feito diariamente, as pessoas apenas acordavam e sabiam o que fazer naquele dia.

Todos tinham as suas propriedades, e para tudo fluir havia trabalho a fazer, não havia a concepção de "deixa pra lá" ou "depois eu faço". O sustento direto dependia do trabalho que deveria ser realizado diariamente, não havia distrações.

Todos tinham as suas tarefas, inclusive as crianças. O aprendizado era diário em cada pequeno gesto. O respeito era passado de geração em geração; os mais velhos eram respeitados por sua sabedoria; os jovens aprendiam cedo que o trabalho é a base para se construir o futuro que se quer. Não havia tecnologia como temos nos dias atuais, mas havia uma criatividade que era exercitada a cada dia.

Não havia necessidade de ter um armário cheio de coisas que não seriam usadas, não havia por que desperdiçar, nem alimento, nem roupas ou brinquedos. As crianças eram estimuladas a fazer seus próprios brinquedos, e essa era a parte mais divertida, pois assim podiam chamar os amigos para brincar e brincavam todos juntos, riam e pulavam.

Então um dia, estavam reunidas várias famílias daquela comunidade, dentre eles um ancião com idade já bem avançada, e alguém perguntou a ele:

– O senhor sabe o que é felicidade?

O ancião parou, olhou à sua volta e, com um olhar cheio de brilho, respondeu:

– Felicidade, minha criança, não é algo que se compra, não é algo que você possa pegar e armazenar, não é algo que possa medir ou pesar, e todos a podem adquirir. Não precisa ter riquezas para possuí-la, mas é rico quem a possui.

A felicidade é uma conquista diária, está em cada pequeno gesto de gentileza, de carinho, de atenção e respeito. Ela nasce e mora dentro dos corações que estão em paz, é na harmonia com si mesmo que ela nasce e é na gentileza que ela se multiplica. Não pode ser mensurada porque ela está dentro de cada um, é um estado de espírito, se manifesta nas pequenas coisas do nosso dia e deve ser conquistada a cada manhã. Não precisamos de muito para sermos felizes, mas se tivermos a consciência do quanto é importante conservar o estado em que a felicidade se manifesta diariamente, encontraremos as riquezas ocultas e a sabedoria de que precisamos.

A felicidade nos impulsiona a criar, a compartilhar, a crescer e a produzir. Quando a buscamos em coisas materiais, encontramos apenas uma pequena fração do que ela representa e, em seguida, como fumaça, desaparece. A verdadeira felicidade é um estado de consciência plenamente satisfeita consigo. A busca nunca termina e, por vezes, você vai perceber que ela se manifesta em pequenas parcelas do seu dia. Assim aprenderá a valorizar cada minuto em que ela se manifesta, pois ela está ligada à gratidão, ao quanto você consegue ser grato durante o dia.

Estar feliz é diferente de ser feliz. Estar feliz é buscar conscientemente essa condição. Ser feliz é permitir que cada momento vivido tenha seu encanto, espontaneamente, é uma escolha diária. Desejo toda felicidade no seu caminho e que seus pequenos momentos de felicidade sejam valorizados e somados à abundância de pequenos momentos felizes que você terá em sua jornada.

3
Amor e vida

Forças cósmicas essenciais fazem a vida, dom precioso e sublime dado a nós para que possamos aprender a compartilhar. Por intermédio da vida, nascemos para a espiritualidade. Aprender na matéria para a evolução do espírito, estar aqui significa que estamos tendo a chance de crescer, ajudar e ser ajudado. Existem momentos em que somos canais de auxílio, outros, de provações. Somos anjos e algozes uns dos outros, pois, com os fatos, temos como conscientemente entender nossos atos e evoluir como espíritos. Palavras não bastam, elas entram em nossos corações e mentes e são facilmente esquecidas, porém aprendemos com os acontecimentos que se desenrolam ao nosso redor, em que somos chamados a desempenhar nosso papel. Como dificilmente aprendemos pelo amor, chegaremos às mesmas lições pela dor. É o momento de reflexão, de parar e analisar tudo ao nosso redor e tirar as pérolas da evolução.

A vida é o reflexo do supremo Amor Divino, que nos dá oportunidades infinitas de melhoramentos íntimos. É a mais pura expressão do Criador, do nosso Pai, de Oxalá, de Deus, caracterizado de acordo com a crença de cada um – Criador extremamente amoroso que nos dá oportunidades infinitas de crescimento.

O Amor Divino está em cada rosto, em cada olhar, em cada objeto criado e desenvolvido pelo homem, em cada nascer do Sol, em cada linda e singela flor que desabrocha em fétidos pântanos a cada segundo, cada gesto, cada manifestação de vida. É o Amor Absoluto e incondicional que nos rege, nos alimenta e nos conduz, é o exemplo do Pai, para que seus filhos aprendam o melhor caminho da vida, que é o Amor.

No anonimato das mãos que escrevem, que socorrem, que secam lágrimas de sofrimento em um mundo que se torna cruel a cada dia, é o Amor Divino que faz com que mãos generosas se disponham a ajudar sem preconceitos, sem discriminação. Este é o verdadeiro Amor "doação", saber olhar e entender que se pode fazer alguma coisa, e "fazer", fazer a escolha entre a omissão e a compaixão.

Amor é desprendimento, aceitação, caminho longo a ser percorrido, mas com lições proveitosas que precisamos aprender. A vida só é vida quando bem aproveitadas as lições. Temos que voltar com bagagem suficiente, não podemos ser relapsos, pois o tempo passa, jamais se repetem os momentos, e as chances desperdiçadas tornam-se fardos futuros, ao contrário, são ouro arrecadado ao longo de nossa existência.

Amor e vida significam formação e desenvolvimento de caráter, um complementa o outro. A vida sem amor é fria, inerte, seca, sem horizontes; já o Amor não existe sem a vida, porque a vida é a eterna expressão de Amor.

Devemos procurar valorizar mais a nossa vida, valorizar mais as oportunidades, desenvolver em nós sentimentos que ainda não temos para nos tornarmos melhores, para seguirmos em paz e mudarmos o foco de nossa visão, para que não tenhamos alcance limitado, e sim ilimitado, permitindo-nos ter visões dos nossos irmãos sem distorções. Viver é amar o fato de simplesmente existir.

4
A oração

Muitas vezes, não conseguimos rezar, é como se houvesse um impedimento em nosso consciente, em que a raiva, o medo, a desconfiança e a insegurança fossem mais fortes do que o ato de rezar. Abatemo-nos com muita facilidade, somos frágeis como o cristal e colamos os nossos pedaços cada vez mais; quando nos olhamos no espelho, vemos as ranhuras, ficamos trincados e nunca mais seremos os mesmos. Esquecemo-nos basicamente que somos seres divinos e temos o controle de nós mesmos, de nossas vidas, basta que queiramos, mas não é mais fácil, uma vez que deixamos a parte animal entrar em cena e estragar tudo. Onde a oração com um poder forte poderia facilmente resolver uma situação, trazendo energias puras, divinas, verdadeiras e confortadoras, trazemos energias contrárias que nos fazem desacreditar em primeiro lugar em nós mesmos.

Orar é entrar em comunicação com nosso Criador. Um pedido de socorro jamais é ignorado, sempre somos atendidos de acordo com o nosso merecimento, não podemos exigir coisas às quais não fizemos por merecer. No Universo, todas as riquezas estão disponíveis, mas temos que conquistá-las.

Orar é buscar o divino que existe dentro de você, é acreditar que podemos e devemos seguir. Somos parte de um projeto maravilhoso criado para o nosso crescimento, para a nossa felicidade, basta nos desvendarmos e acreditarmos mais. Vou usar várias vezes a palavra "acreditar", porque o que nos falta hoje é acreditar que nunca estamos sozinhos, acreditar que todos os sonhos podem ser alcançados, que limites somente existem em nossos corações.

Por medo de sermos repreendidos, por medo de nos expormos, temos medo de que os outros não nos aceitem como somos realmente, então buscamos fantasias e disfarces que acabam fazendo parte do nosso dia a dia. Acreditar é dar uma chance a você mesmo, porque você merece, porque você pode e porque, principalmente, o seu objetivo é ser feliz.

Orar é acreditar na sua capacidade de renovação. Recomeçar não é feio, feio é manter uma aparência que não é sua e viver uma vida medíocre porque você acha conveniente. Orar é dar uma chance a você mesmo de ser melhor todos os dias, é trazer Deus para dentro de seu coração e permitir que ele o ampare. Basta acreditar.

A melhor oração é aquela que vem de dentro do coração. Você já ouviu isso com certeza, mas ela vem de qual coração? Pensamos logo no coração físico, órgão mantenedor da vida. Se ele parar, fatalmente paramos. Essa oração vem do coração energia, força, vitalidade, vem do coração central, aquele que é o centro do Universo, do conhecimento, da sabedoria e dos desdobramentos.

Esses aspectos estão dentro de cada um de nós e chamamos a isso de frequência energética. Para orarmos usando toda essa capacidade, basta nos conectarmos com o seu centro, onde reside o amor, a mansidão, a sua verdade e a harmonia. É dentro dessa frequência harmônica que vamos encontrar o espaço perfeito para nossas preces e orações.

Experimente!

5
Florais – a magia das flores

Você já ouviu falar em florais? É um assunto encantador. A natureza é maravilhosa e nos brinda com essências que transformam o nosso ser. Os florais nos trazem para o agora, para o equilíbrio e para a consciência, que é a chave para a cura, pois a cura acontece de dentro para fora, ninguém cura ninguém. A cura se manifesta a partir de uma decisão pessoal, quando tomamos as rédeas de nossas emoções, da nossa vida e saímos em busca dos elementos que ajudarão a promover a cura.

Hoje existem pesquisas científicas sobre os florais. Julian Barnard, uma das maiores autoridades em florais de Bach no mundo, diz:

> "Algo é comprovado cientificamente apenas quando se pode mostrar que é consistentemente verdadeiro para qualquer observador; portanto, observe se uma ideia pode ser validada, se ela satisfaz critérios objetivos de observação. Portanto, se ela satisfizer, o processo de redefinir nossa ciência e nossa percepção pode ter início."

É interessante conhecermos um pouco sobre o surgimento dos florais, por isso apresento o resumo abaixo:

Florais de Bach – O Dr. Edward Bach nasceu no dia 24 de setembro de 1886, na Inglaterra. Formou-se médico, bacteriologista, patologista e sempre buscou incansavelmente uma forma para aliviar o sofrimento humano. Em 1930, resolveu abandonar sua renomada trajetória em Londres, partindo para sua terra natal: Gales. A oportunidade e o contato com a natureza, somados com sua percepção e sensibilidade, o levaram a descobrir e desenvolver o que conhecemos hoje como "Terapia Floral", em que pétalas dentro de uma tigela de vidro com água pura da nascente transmitiam virtudes curativas para o fluido por meio da incidência da Luz Solar. Desse processo surgiram os Florais de Bach, tão conhecidos mundialmente. Um sistema floral que surgiu na Inglaterra e que possui 38 essências florais.

Florais de Saint Germain – O sistema floral de Saint Germain surgiu oficialmente em 1996 no Brasil, por intermédio de sintonizações de Neide Margonari, que nasceu em São Bernardo do Campo em 22 de novembro de 1944. Atualmente, o sistema floral possui 89 essências florais. Neide sempre seguiu os preceitos de Dr. Bach na preparação das essências florais, em que a manufatura precede uma busca por flores selvagens para a preparação da Matriz Floral, seguindo por uma preparação por método solar ou por fervura. Para que a energia esteja em total potência durante o processo de preparação dos frascos-estoque, é muito importante a manufatura, seguindo uma produção artesanal, para não haver interferência de energia elétrica que possa influenciar negativamente nesse processo tão delicado.

Dessa forma, temos dois sistemas florais que possuem a mesma metodologia na preparação, mas em que a atuação de cada essência floral é distinta.[1]

Como terapeuta que utiliza os sistemas de florais, observo que cada pessoa que se envolve e se responsabiliza pela sua própria cura e segue as diretrizes sugeridas alcança resultados excelentes no processo de despertar e cura. Os florais são uma ferramenta maravilhosa para auxiliar nesse processo de transformação, pois atuam de forma vibracional. As essências são escolhidas de acordo com a causa emocional apresentada pelo paciente.

Com o passar do tempo e a experiência nos atendimentos, passei a observar que as essências atuam de forma frequencial. Aqui vamos esclarecer que, em física, a frequência consiste no número de ocorrências por unidade de tempo. Refere-se, normalmente, às oscilações de alguma propriedade, como, por exemplo, a corrente elétrica ou a posição de um corpo suspenso por meio de uma mola elástica. A unidade SI de frequência é o hertz (Hz), que equivale a um ciclo por segundo.

Existe ainda a frequência em que escolhemos vibrar, e é esse campo frequencial que, quando acessado em ressonância com o nosso pensamento e com os nossos sentimentos, tem o poder de mudar a nossa realidade. O Universo tem diversas frequências, e escolhemos a todo momento em qual delas queremos transitar.

As flores têm a sua própria frequência, assinatura, suave, em harmonia com os diversos padrões existentes no Universo e que ressonam com a cura emocional. Os padrões dessas frequências são altíssimos, por isso são tão eficazes.

---

1 SAIBA tudo sobre os florais de Saint Germain. Disponível em: www.fsg.com.br

6
Percepções I

Passamos os dias tendo percepções, algumas totalmente sem sentido, outras profundamente importantes, a não ser por um único detalhe: esquecemo-nos de perceber quem está ao nosso lado, julgamos com a maior facilidade, não temos medida. Apenas falamos, comentamos, prometemos segredo e, no minuto seguinte, estamos comentando o segredo com outra pessoa, que, por sua vez, também pede segredo. Não conseguimos perceber as emoções sinceras e contidas, é difícil perceber que atrás de alguém que parece durão pode se esconder alguém profundamente solitário. Não mudamos nossas atitudes, apenas mascaramos o modo de expressá-las.

As percepções fazem parte do nosso dia a dia, dos nossos hábitos. Somos pequenos diante do Universo de sentimentos que nos rodeiam. Precisamos perceber mais, observar mais, permitir momentos de maior paz, maior amor, maior dedicação aos outros, sem esperar nada em troca. Os momentos passam tão rápidos, e a vida toma rumos que não esperamos. Preferimos nos esconder e esconder nossas emoções a acreditar no potencial maravilhoso que possuímos de simplesmente amar, de sermos solidários, companheiros e amigos.

A percepção sutil do mundo ao nosso redor nos leva a buscar novos conhecimentos, novas interações, novas expectativas. Levei algum tempo para perceber o quanto é bom fazer parte de alguma coisa, de poder interagir e trocar experiências como essa, de compartilhar meu pensamento com outras pessoas. Que bom que percebi isso a tempo.

7
Percepções II

Percepção é o ato ou efeito de perceber. Perceber? Caminho difícil. Não temos tempo para perceber, muito menos gestos, rostos ou gostos.

A espiritualidade, em sua sutileza, nos mostra diariamente maneiras de percebermos uns aos outros. Delicada e pacienciosamente nos ensina a termos tempo de compartilhar momentos e atitudes com os que nos rodeiam, um momento de carinho, de afago, de gentileza, que é tão difícil entre as pessoas. Quantas vezes conseguimos perceber a extensão da dor ou do sofrimento de nossos amigos, nossos familiares? Temos tempo para isso? Ou o nosso tempo se resume em observarmos e percebermos os defeitos? Criticar é mais fácil, mas até quando?

A percepção é desenvolvida todos os dias, e é aprendida, manifesta-se por meio de nossa sensibilidade, cada um de nós está em um momento especial de desenvolvimento espiritual, não estamos todos na mesma escala, por isso temos que perceber as pequenas sutilezas que nos acontecem diariamente.

Poder dar a mão a quem está tentando subir mais um degrau e receber o mesmo gesto daquele que está acima de nós chama-se corrente da evolução. Cada um de nós é uma pequena partícula que constitui este imenso Universo. Pode parecer que não fazemos falta, mas fazemos. Como diz John Donne: "Nenhum homem é uma ilha solitária, cada homem é uma parte da terra, uma partícula do continente". Se formos afastados, faremos falta, sim, sempre, pois cada um de nós tem o seu valor, sua importância. Cada um de nós é um plano perfeito de Deus, então, por que subestimar isso?

Somos importantes, sim. Em algum lugar existe alguém que depende e precisa muito de nós. Então, onde está a nossa responsabilidade? Perceber mais, essa é nossa responsabilidade. Precisamos estar atentos, ser compassivos, solidários, firmes e amorosos com a nossa imensa família, que é o Universo. Nossos irmãos são todos os seres vivos, bons ou maus. E aqui está a nossa lição: não discriminar, não abandonar, não duvidar, espargir bons sentimentos, principalmente o perdão, o amor e a compaixão.

Somos todos irmãos, e verdadeiros irmãos percebem num simples olhar até onde podem ajudar. Esse é o grande pedido da mãe Terra neste momento, abraçarmos mais, amarmos mais, sermos mais felizes, compreendermos mais uns aos outros e assim seguir com mais leveza.

Experimente por alguns momentos parar e apenas observar, abra sua percepção e sinta com todos os seus sentidos, observe sua família, seu melhor amigo, seu vizinho e tente ver se você realmente conhece seus sentimentos e suas reais necessidades. Pare por um instante e olhe melhor para o seu filho e para o seu companheiro e perceba, apenas perceba com o seu coração, se você realmente sabe o que vai no coração dele, e depois perceba a você mesmo e veja se já não se esqueceu um pouco de como você é, se você já não está desligado de algumas coisas de que você gosta muito.

Apenas perceba. Estimule sua percepção diariamente para se lembrar de como é conhecer alguém realmente com a sua alma, sem distinção; apenas se permita exercitar algo que nos esquecemos todos os dias.

Devemos regar nossos sentimentos, exercitá-los e tornar o nosso dia emoção pura, para viver intensamente todos esses momentos maravilhosos que a vida nos presenteia diariamente.

8
A viagem para dentro de si

Você já viajou para dentro de si? Vamos conversar sobre o que encontramos ao caminhar pelas ruas das nossas emoções e ver como é bom viajar, aprender, ver novas paisagens, crescer...

Para conhecer uma cidade, temos que percorrer suas ruas; para viajar a lugares distantes, temos que traçar uma rota, pegar um mapa e escolher o melhor caminho. Você conhece as ruas da sua cidade interior? Você tem o seu próprio mapa? Você tem um mapa para explorar quem realmente você é? A sua cidade é cheia de cercas, muros e grades? Como é a iluminação, fraca, forte ou normal? Como é o clima, agradável, chuvoso ou tempestivo? Como é o aroma desse lugar, acre, suave, cítrico ou intragável? Como essa paisagem é composta? Como você se sente transitando pelo seu mundo interior? Existe a vontade de se descobrir, aparar arestas, perdoar e seguir em frente?

Perceba que, muitas vezes, criamos um universo paralelo ao nosso mundo real, escondemos "tesouros" que não queremos revelar, relíquias que guardamos de muito tempo atrás. No entanto, chega um determinado momento que temos que mexer nesses tesouros, seja para poli-los ou para descartá-los. Quando precisamos descartá-los, não será necessariamente por que não prestam mais ou não têm valor, mas, sim, porque já não precisamos mais deles, o seu propósito já foi cumprido.

Ao mexer nesses tesouros, encontramos partes de nós que foram esquecidas e que estão fazendo falta, assim como também encontramos partes de nós que não conseguimos olhar sem nos entristecermos. Porém cada peça remexida, querendo ou não, faz parte de nós. Olhar com carinho para cada peça e entender que ela serviu ao seu propósito, sem dores, é trazer para a consciência e aceitar o que já "fomos" e o que realmente "somos" no agora. O que passou deve apenas servir como referência, e não dirigir o nosso agora.

As mudanças são constantes, e as escolhas são diárias. Devemos nos lembrar sempre que no momento que escolhemos, o fazemos baseado no que podemos e no que sabemos naquele exato momento, portanto, se não fizemos diferente foi porque, simplesmente, não tínhamos os recursos necessários para isso no momento daquela decisão. Com base nisso, pergunto: o quanto você se conhece?

Nunca é tarde para fazermos a mala e partirmos em direção a uma jornada interior. Nossas cidades internas são complexas, cheias de surpresas. Assim como temos avenidas largas, pavimentadas e iluminadas, também existem becos escuros e úmidos. Aceitar que existe isso sem preconceitos com si mesmo faz com que aos poucos levemos luz aos becos escuros e o Sol para que seque a umidade nos cantos escondidos. Além disso, podem surgir lindos jardins, ampliando os nossos limites e nos fazendo perceber que podemos criar cidades maravilhosas, não importando se são pequenas ou grandes, o que importa é que conhecemos cada uma delas e sabemos que os tesouros que ali existem não estão mais escondidos, e sim que podem ser compartilhados com quem amamos ou com os viajantes que estão iniciando a sua jornada.

Somos muitas personalidades dentro de uma mesma existência. Por essa razão, é importante nos conhecermos, reconhecermos que somos Luz e Sombra e aprendermos a manejar com sabedoria cada uma das habilidades que recebemos, para transitar com liberdade em cada um dos mundos que visitarmos.

9
Quebra de ciclos

Quebramos ciclos ao percorrer os caminhos obscuros da nossa própria capacidade de autoconhecimento, fazendo emergir as sombras que se escondem nos recônditos mais profundos de nossa alma, em busca de liberdade, de aceitação e da harmonia. Precisamos mergulhar em águas profundas sem medo de parar de respirar, mas confiando que, mesmo nas profundezas, existem riquezas que não reconhecemos.

A cura vem e se concretiza no movimento que obriga o seu agente a ficar frente a frente com os seus vícios, com as suas sombras, com os seus medos e com as suas angústias. Isso ocorre somente quando aceitamos a condição de que somos falhos e trazemos para nosso consciente a percepção de que estamos sujeitos, muitas vezes, ao meio e que seguimos mecanicamente um fluxo ilusório sem nos darmos conta de que a vida é muito mais do que isso.

Quebrar esses ciclos que se repetem sem parar é permitir se aprofundar em suas próprias dores internas, conhecer a causa e curá-las, dando-se a chance de recomeçar, sem se sentir diminuído pelo movimento que, na maioria das vezes, é contrário ao fluxo ao qual estamos acostumados. Essa quebra de ciclos permite-nos recomeçar quantas vezes forem necessárias sem o sentimento de derrota, mas, sim, com o sentimento de liberdade, de criatividade e com a leveza que nos ensina o caminho do meio, que é o equilíbrio.

Conhecer as sombras é importante, pois elas fazem parte de nós, do que somos no hoje, fazem parte da soma das nossas experiências e do que nos tornamos nessa fase que estamos vivenciando. Elas nos ensinam que essa parte que preferimos esconder não representa nossos inimigos, nem a parte ruim que está dentro de nós. Muitas vezes, representa a nossa força de renascimento quando compreendida.

As sombras existem e estão em algum lugar. O fato de você não as ver não significa que elas não existem. Elas fazem parte do que somos, parte de nós e, não raro, são as responsáveis pela repetição dos ciclos da nossa vida. Por essa razão, é importante trabalhar esse aspecto para que possamos quebrar esses ciclos que nos aprisionam, sejam emocionais, profissionais ou em nossos mais diversos relacionamentos.

Ao nos libertarmos dessas repetições, tornamo-nos mais confiantes e criativos, pois esvaziamos o medo do desconhecido e avançamos rumo a novas conquistas, descobrindo formas diferentes de nos relacionarmos e de nos projetarmos perante a nossa vida, criando, assim, novas referências de sucesso em todas as áreas. Tememos o que não conhecemos, e aqui cabe a fala de Jesus: "Conhecereis a verdade, e ela vos libertará". Seguido pela frase atribuída a Tales de Mileto e a Sócrates, que está inscrita na entrada do templo de Delfos: "Conhece-te a ti mesmo e conhecerás os Deuses e o Universo".

O autoconhecimento é a chave para as nossas conquistas, para o nosso desenvolvimento, o nosso crescimento e a nossa liberdade. Vamos então nos libertar das nossas repetições, quebrar nossos ciclos sem medo e mergulhar nas nossas profundezas de coração aberto.

10
A caminho da compreensão — sou ou estou?

No princípio, no coração de Deus brotou o desejo de habitar um novo mundo. Seres de Luz foram convidados a fazer parte do Seu grande plano. Todos doaram as suas energias para a formação de um planeta belíssimo, o planeta Terra.

O homem foi criado puro para habitá-lo, mas, com o passar do tempo, foi desenvolvendo sentimentos mesquinhos como a cobiça, a inveja, a luxúria, e então a raiva, o ódio, a mentira, a crueldade e a violência surgiram. Cada vez mais, o homem se afastava de Deus; antes, o homem convivia com os seres alados (anjos), os seres da natureza (elementais de todos os reinos), animal, vegetal e mineral. Com esse afastamento, o homem foi endurecendo o seu coração e perdendo a capacidade de se relacionar com os seres de luz.

Deus, em seu absoluto amor, concebeu outro plano: trazer o homem novamente para sua presença, pois ele fora criado para a beleza, a paz, a prosperidade e a abundância. Assim, nasceu a morte, a forma criada por Deus para alternar períodos de consciência, em que o homem poderia avaliar sua existência e corrigir os erros de percurso. Voltando à pureza para qual ele foi criado, teve início a roda das encarnações: em que períodos de consciência e inconsciência (esquecimento) são alternados.

A lei do esquecimento não poderia ser violada para que todos conseguissem se harmonizar no tempo certo, com clareza e sabedoria, com seus pares ou seu grupo ascensional. Quando nascemos, trazemos conosco a lei do esquecimento. Quando estamos no mundo espiritual, tudo é muito claro, calmo e verdadeiro; os nossos sentimentos ruins não aparecem, pois estamos rodeados o tempo todo de amor, carinho e bondade, e os nossos chacras inferiores estão desativados. Não temos consciência de como uma encarnação é importante para o nosso espírito. Uma vida de 80 anos é aparentemente longa em nosso ponto de vista, mas somente quando desencarnamos é que temos a verdadeira percepção de como ela é curta, de como precisaríamos de mais tempo.

Quando desencarnamos (morremos) e retornamos para o mundo espiritual, nos é revelado o quanto conseguimos avançar, mas nem sempre o que visualizamos é o que gostaríamos. Percebemos que deixamos para trás inúmeras oportunidades de crescimento e tomamos consciência de que, para retornarmos, teremos de esperar, muitas vezes, o tempo que vivemos na Terra, ou mais. E assim recomeça o planejamento para a volta.

Aprendemos que cada pessoa que participou da nossa encarnação era uma peça importante para a evolução não só do nosso espírito, mas de todos que fizeram parte daquela vida. Quando planejamos uma nova encarnação, levamos em conta todas as pessoas necessárias e todas as situações que vamos enfrentar. A Bíblia diz que nenhum fio de cabelo cai de nossa cabeça sem que Deus permita, ou seja, chega de culpar Deus, pois fomos nós que escolhemos as pessoas e as situações para evoluir.

Cada pessoa que irritamos, cada uma que nos traiu, nos magoou, entristeceu ou nos fez viver os piores pesadelos, tudo isso aconteceu porque permitimos. Isso aconteceu para nos fazer despertar, ou melhor, para fazer vir à tona os sentimentos que ainda tínhamos de trabalhar e curá-los, de forma consciente ou inconsciente. Muitas vezes, nos sentimos vítimas, mas não existem vítimas, nem vilões. Cada um de nós já desempenhou esses papéis em algum momento da nossa trajetória. Todos estamos aqui para ensinar e para aprender, mas, principalmente, para evoluir, crescer, para que possamos nos reformar e voltar à nossa origem, que é a pureza e a harmonia com o todo.

Não "somos", "estamos" aqui de passagem; ora por curtos períodos, ora por longos períodos; ora como algozes, ora nos sentindo como vítimas. Devemos nos lembrar que esses rótulos são temporários. O valor de uma encarnação hoje equivale ao poder de comprar toda água do oceano, ou seja, não tem como mensurá-la. A grande questão é que voltamos para a fila e temos que esperar muitas vezes um século para retornar. Por quê? Porque temos de esperar que as pessoas de nossas histórias retornem, para que possamos fazer nova combinação. Em raras exceções, conseguimos voltar em seguida e nos encaixarmos em outro rótulo, para darmos continuidade a tempo de reparar nossos erros.

Uma das coisas que normalmente não paramos para pensar é no corpo que estamos vestindo. Maltratamo-nos com alimentos nocivos, com medicamentos em excesso, com sexo em demasia (noções erradas de sexo). A energia do sexo não é errada, nem impura; ela é belíssima quando usada com respeito e amor. Tudo que usamos em excesso nos causa danos, até mesmo nossos pensamentos. Tudo que pensamos, nossa mente converte em realidade. A energia que colocamos em um pensamento, em seguida se manifesta em nosso organismo, ou seja, se transforma em sentimento/emoção. Nosso corpo reage imediatamente, como se a sensação enviada pela mente fosse verdadeira. Isso feito repetidamente pode desenvolver doenças, que, não raro, dizemos ser hereditárias: "Minha avó, meu pai, minha mãe tinha isso, por isso tenho também". Talvez não seja a doença em si, e sim o mesmo padrão de pensamento, a mesma frequência que as pessoas têm em comum. Um exemplo: raiva, baixa autoestima, ressentimentos, tudo está relacionado aos outros, mas, na verdade, não são os outros, somos nós. Os outros não têm o poder de nos adoecer, mas os nossos ressentimentos e pensamentos em relação ao outro têm esse poder.

Já ouvimos milhares de vezes que a solução está dentro de nós, mas não custa escrever mais uma vez: **a solução para os nossos problemas e dores está dentro de nós.** Viemos equipados com todas as soluções para cada situação que teremos que enfrentar. Temos de respirar e acreditar, simples assim. Por parecer tão simples, muitas vezes, não as levamos adiante, não lhes damos crédito.

Já ouvimos a expressão que diz que Deus não dá carga maior do que podemos carregar. Devemos relembrar que fomos nós que escolhemos a nossa carga. Deus só nos deu a oportunidade de corrigir as falhas cometidas anteriormente, e não devemos ver isso como castigo, e sim como oportunidade, pois Ele nos quer puros e íntegros ao lado dele para que possamos desfrutar de toda beleza, abundância e tudo o mais por toda a eternidade. Quando Ele permite que retornemos, coloca anjos ao nosso redor, para nos dar força e ânimo para que consigamos vencer o nosso desafio.

Gosto de olhar para essa fase e compará-la a um grande evento que temos que promover. Os anjos (guardiões, guias etc.) tornam-se nossos *coaches*; eles nos motivam e nos fazem perceber o quanto somos importantes, mas, para isso, precisamos manter o foco nos resultados. Temos de investir nosso tempo com sabedoria, doando nossas energias com amor e aprendendo o que nos falta com humildade; devemos olhar para os outros com compaixão e praticar, em nosso dia a dia, a resiliência. Temos de manter foco e nos respeitar, partindo da premissa de que, se não nos aceitamos, não nos respeitamos, se não nos amamos, jamais poderemos doar esses sentimentos para outros, porque ninguém dá o que não tem.

A vida é dinâmica e passa muito rapidamente. Num instante estamos rodeados de pessoas e, no instante seguinte, estamos sozinhos. Quando isso acontece, temos que gostar de estar em nossa companhia, porque se não conseguimos ficar bem em nossa companhia, devemos começar a avaliar. Devemos sempre nos perguntar: quando terei tempo de me conhecer realmente, de amar e aceitar quem sou? Sempre há tempo para uma reflexão; a vida é feita de boas oportunidades que se repetem a todo instante.

Ultimamente, tenho pensado muito em situações complicadas, que realmente me tiram do sério. O que tenho que aprender com isso? Observo qual o sentimento que aflora e, sempre que possível, transformo o acontecimento em oportunidade para aprender e refinar minha sensibilidade. Saio da posição de atingida (vítima) e me coloco como observadora, mudando a perspectiva. Assim, consigo entender melhor o fato e, na maioria das vezes, percebo que se torna tão sem importância que não vale a pena gastar a minha energia. Então me reposiciono, abençoo a todos os envolvidos e consigo seguir mais leve.

11
Memórias de uma vida

Caminhamos sem muito pensar, concluímos tarefas, conversamos, trabalhamos. O cotidiano nos absorve, nos retira o tempo dos minutos, das horas e continuamos, em meio à inconsciência, seguindo sem saber muito onde vai dar essa caminhada. Em determinado tempo algo nos para. A doença? O desemprego? Os rompimentos? A morte?

Então, agora vamos conversar sobre a vida, como a entendemos, qual o valor que estamos dando às pessoas, às coisas, aos fatos... Como o dia pode melhorar ou piorar? Será que é assim mesmo?

Do ponto de vista espiritual, a morte é uma transformação, deixar o velho e penetrar no novo, transcender. A vida também requer transformações e aprendizados para evoluir. Estamos ocupados pensando em "ter" e tentarmos nos convencer de que, no tempo certo, daremos a devida atenção ao "ser", mas quando seria este tempo certo? A hora certa? E para quem? O tempo de aprender a "Ser" é agora, tempo de desenvolver, de transformar nossa vida. Esta vida que está sendo vivida de forma mecânica e superficial correndo atrás do "Ter".

O que pode o parar agora? E se algo o parar? Você está pronto para repensar?

Qual a importância de "Ser" neste momento para você?

Qual a importância de "Ter" neste momento para você?

Aqui entram as memórias de uma vida inteira: por quais transformações e ensinamentos você passou?

Você é você ou é o produto do meio em que você vive, sendo o que os outros querem que você seja, buscando "ter" o mesmo que todo mundo tem somente para se encaixar ou para ser aceito?

Qual foi a última vez que você se amou de verdade pelo que você é em sua essência?

Qual foi a última vez que você se olhou e se amou observando em quem você se tornou?

Hoje estamos aqui e agora, este é o momento de criarmos nossa realidade, de evoluirmos e transformarmos tudo o que não está bom em algo ótimo, maravilhoso.

É neste mesmo hoje que construímos no dia a dia as memórias da nossa vida.

Para refletir: que tipo de memórias estamos construindo?

Se a vida nos parasse hoje, quais seriam as memórias que deixaríamos?

A vida é muito breve. Se tem algo que não podemos negociar é o tempo que nos foi destinado, pois este veio na medida certa para caminharmos por este mundo. Esse tempo é só nosso, inigualável e inegociável.

Então, quais serão as memórias de nossa vida que deixaremos?

Estamos vivendo um tempo de transformações e, em breve, teremos que optar por "ter" ou "ser", e veja que maravilhoso isso, pois ainda poderemos escolher:

( ) Ter
( ) Ser

A escolha sempre será de cada um, intrasferível e inegociável.

Que a caminhada rumo à construção de suas memórias seja abençoada e permeada por muito amor – amor e gentileza com si mesmo, aceitando o Ser maravilhoso em quem você está se transformando.

12
A lição do rio

A caminhada espiritual é como um rio, nasce e se descobre fonte inesgotável que se aventura pelos caminhos diversos, sem perder a identidade da fonte. O filete que se aventura na caminhada encontra obstáculos antes de se tornar e se reconhecer força pura. Se hoje ele é um rio caudaloso que corre para o mar, ontem ele foi um pequeno filete de água deixando a nascente e formando um leito.

No início frágil e inseguro, começa a percorrer um caminho onde encontra pedras de diferentes tamanhos e margens que o limitam. Por vezes, grandes quedas de água que aparecem de repente caem com força e arrastam com violência.

A violência simboliza a própria luta, que muitas vezes dá a impressão de estar lutando com os outros, mas que na verdade é uma luta consigo, se debatendo com suas próprias escolhas, não compreendendo os "porquês" da caminhada e lutando contra emoções e sentimentos fortes que mais parecem um rio em tempos de cheias: revolto, barrento e violento, arrastando tudo o que está próximo.

Quando encontra seu eixo, para e forma um leito calmo e pacífico, onde vai acomodando tudo entre as margens, deixando-se raso e profundo ao mesmo tempo, dando vida e deixando a vida se estabelecer às suas margens. E quando finalmente entende seu propósito, respira e se vê sábio.

Quando a tempestade chega, se agita com o vento, mas deixa o vento agitar a sua superfície, e lá dentro está calmo, pois alcançou a compreensão da caminhada.

Hoje aprendeu a contornar as pedras pequenas e as grandes, aprendeu a perceber que as margens não mais o limitam nem o contém, mas que são um contorno que dão beleza à sua forma. Percebe que se tornou um espelho, onde tudo o que está no céu se reflete nele, e que esse espelho se funde com o todo, mas, ao mesmo tempo, é único e indivisível. Não mais se divide, e sim compartilha, não mais carrega contra vontade, mas faz com que deslize em movimento suave e natural, onde abastece com suas águas toda vida que está à sua volta.

Assim é a caminhada espiritual, muitos se encontram revoltos, agitados, caindo de grandes quedas e ainda arrastando tudo ao seu redor. Isso faz parte do crescimento e desenvolvimento espiritual. Nossos guias e mestres ora são as margens que nos dão limites, ora são os grandes ventos que tentam nos conter com amor e cuidado até encontrarmos a calmaria em nossos corações.

São eles que preparam o lugar, que nos acomodam pouco a pouco. São eles que nos fazem perceber que lutar não significa brigar e que ser forte não significa ser devastador, que controlar não é o mesmo que conter. Fúria não deve ser controlada, e sim contida, assim como não devemos escolher a quem amar, pois o amor deve ser distribuído a tudo e a todos.

Assim como o rio aprende a se movimentar serenamente, nós podemos aprender que somos fonte inesgotável de Amor e compartilhar vida e sabedoria com todos os que nos acompanham nesta jornada de Luz e Evolução.

13
Onde encontro um grande amor

Cada um percebe o mundo de forma muito particular: de acordo com o momento que está vivendo, com suas crenças e seus hábitos e com seus valores, com o que entende sobre o que está olhando.

Quando temos um olhar mais apurado sobre a situação e nos permitimos olhar com o coração, esses equívocos podem ser minimizados. Olhar com amor para o máximo possível de situações o tornará mais sensível a elas e lhe dará a oportunidade de conhecer as histórias antes de julgá-las, pois é muito fácil julgar, não é mesmo? Assim nascem os preconceitos que nos afligem e nos machucam; nunca ser suficiente, não ser bonito, não ser inteligente, não ser rico; o diferente assusta e, muitas vezes, cria barreiras quase que intransponíveis.

Abaixo, vou lhes contar uma pequena história e, quando terminar, reflita sobre sua percepção.

Há muito tempo, seguia pela vida uma linda jovem, sempre em busca de novas emoções. Era cumpridora de todas as suas obrigações, valorosa nos seus saberes, inteligente e trabalhadora. Tinha todas as qualidades: beleza e formosura de uma jovem, porém estava sempre sozinha. Nenhum rapaz se aproximava para cortejá-la; o tempo ia passando e nada. Então, sabedora da existência de um velho ancião que era tido por todos como conhecedor dos mistérios da vida, foi ter com ele:

– Senhor, o que tenho eu? Qual o defeito que está impresso em minha alma que não consigo despertar interesse em ninguém? Os anos passam e todos à minha volta sempre estão enamorados e eu estou envelhecendo sem conseguir ainda vivenciar um grande amor. O que há de errado comigo? O destino quer que eu passe por esta vida sem dar frutos?

Pacientemente, o ancião lhe perguntou:

– O que procura, minha jovem? Como deseja que seja esse grande amor?

E a jovem, de pronto, respondeu:

– Desejo que seja jovem, bonito, forte, que tenha muitas posses, inteligência, simpatia e bom humor, que tenha olhos somente para mim e que acredite que em mim encontrará o seu único e grande amor.

Então, o ancião falou:

– Minha jovem, um grande amor não se escolhe. Não há como predeterminar as qualidades e, muito menos, os dotes físicos. Você está procurando o que não existe. Muitas vezes, o amor passou por você e, por ser feio aos seus olhos, você não o olhou; por não ser forte o suficiente, você o ignorou; por não possuir posses, você não lhe deu a chance de se aproximar. Muitas vezes, tentou ele se aproximar de você, mas você estava fechada ao que ele desejava oferecer, pois o que procura num grande amor, você mesma não pode oferecer. O amor é belo, é forte, jovem e tudo mais. Ele se apresenta simplesmente; ele se aproxima lentamente de quem permite essa aproximação e, aos poucos, torna-se, aos olhos de quem o acolheu, o ser mais perfeito da Terra, porque os nossos olhos só podem ver o que o nosso coração sente. Não busque nos outros o que você mesma não pode oferecer. Um grande amor somente chega quando você o deixa se aproximar, sem preconceitos. Um grande amor é despojado de qualquer egoísmo; ele não acontece por beleza ou posses; ele acontece quando a alma está aberta a ele, sem determinar raça, cor ou posses. Um grande amor é simplesmente um grande amor e virá visitá-la quando a porta do seu coração estiver aberta para recebê-lo. Não podemos aprisionar um grande amor, pois ele floresce na liberdade de quem o compartilha.

Nesse momento ela caiu em si, reconhecendo o preconceito que existia dentro dela e que não deixou que ela vivenciasse um amor verdadeiro.

Querido leitor, o convido a refletir sobre as palavras do ancião e a observar se está esperando a pessoa ideal. Abra seu coração e tire qualquer estereotipo que componha a pessoa ideal e se abra para a chegada do verdadeiro amor.

14
Descobrindo o Egito

Em algum momento, todos imaginamos conhecer lugares que sempre estiveram em nossos sonhos, mas que pareciam impossíveis de chegar lá, não é mesmo?

Este lugar, para mim, é o Egito. É difícil, porém, explicar a sensação de estar diante das pirâmides de Gizé, que ficam localizadas nos arredores da cidade do Cairo, diante da grande pirâmide de Quéops. Lá me lembrei da explicação da minha professora de história e da questão básica da prova: qual o nome das três principais pirâmides do Egito? Quéops, Quéfren e Mikerinos. Tudo isso faz mais sentido quando você está em frente as três, ali, ao vivo e a cores, diante de uma obra que, se estima, ter sido construída há mais de 2.560 anos antes de Cristo, com 146,5 metros de altura e cercada por muitos mistérios.

Até pouco tempo atrás, imaginava-se que as pirâmides haviam sido construídas como tumbas para os faraós, contudo, hoje sabe-se que aquelas também podem ter sido construídas como uma fonte de energia para povos das estrelas e outras tantas teorias. O fato é que, quando se está diante delas, torna-se muito difícil duvidar da inteligência por trás de tais edificações, principalmente quando você se aventura a entrar nelas e explorar seu interior.

Ao entrar na grande pirâmide, não imaginava o que eu iria encontrar, havia um misto de curiosidade e receio por conta das tantas histórias já ouvidas. Posso lhe assegurar: somente lá para tirar suas conclusões, pois cada um tem uma percepção muito pessoal do que está vendo ou sentindo, sobretudo em um ambiente permeado de mistérios.

Confesso que, em minha percepção, apesar de muitos afirmarem que essas pirâmides não têm mais energia, eu discordo, visto que quando se está em seu interior percebe-se o quanto do trabalho que foi empregado ali, naquelas obras de engenharia, que encantam e desafiam o nosso intelecto a tentar compreender como tudo aquilo foi construído, com tantas galerias, com pedras pesando até setenta toneladas cada uma delas e com um corte e encaixe perfeitos! Ao chegar ao topo: a "Câmara do Rei", cujas pedras de granito vermelho são encaixadas perfeitamente uma sobre a outra, o teto é formado por nove lajes de pedra, pesando no total cerca de 400 toneladas, e a qual possui como único objeto um sarcófago retangular de granito com um dos cantos quebrado.

A subida íngreme é de tirar o fôlego, são 27 metros! Enquanto subia, pensava o que eu estava esperando encontrar ali, então me dei conta de que estamos sempre em busca de respostas para as mais diversas questões, e uma destas está diretamente ligada à nossa verdadeira origem: somos ou estamos humanos neste momento? Cada um encontra sua resposta, e eu encontrei a minha, e ela veio permeada de desafios: mentais (vencer o medo de espaços apertados e escuros) e físicos (a subida não é fácil, até porque depois que você entra na fila para subir não tem como voltar, pois é somente mão única, enquanto uma turma sobe, outra espera liberar para descer). Ali não há espaço para crises, o cansaço toma conta, e o mais incrível é quando você chega exausto na Câmara do Rei: em questão de segundos está refeito!

O desafio é compreender que, diante de uma obra grandiosa, não há espaço para dizer que esta não existe ou que qualquer um poderia ter feito. Decididamente, não! Quem construiu sabia muito bem o que estava fazendo, tanto que, atualmente, mais de dois mil anos depois, ainda estamos descobrindo novas informações.

Para mim, essa experiência foi incrível! Auxiliou-me a responder diversas questões e me fez admirar as pirâmides com respeito, porém não com devoção ou idolatria. Hoje, ao recordar esses momentos, a vontade de voltar e explorar ainda mais aquela cultura é extraordinária! Os mistérios que ainda pairam no Egito, local cheio de artefatos, templos, vales e histórias incríveis de toda uma civilização que possuía uma inteligência e espiritualidade acima da média, quando comparada à dos tempos atuais.

Espiritualidade que aparece escrita em cada coluna, cada parede e pode ser sentida em cada tumba, museu ou templo visitado. Cada experiência proporciona percepção única, de pessoa para pessoa, que varia de acordo com o quanto se está disposto a acolher e compreender os segredos daquela sociedade.

Estar no Egito é respirar a história, é senti-la em cada momento! Essa foi minha maneira de explorar a cultura egípcia, deixando os rótulos de deuses e deusas de lado e apreciando a obra de um povo com inteligência e tecnologia superiores, que ainda, nos tempos atuais, não conseguimos compreender ou duplicar, o que me faz questionar: todo esse legado foi mesmo desenvolvido por simples mortais?

15
A revolução da alma

Aristóteles, filósofo grego, escreveu este texto no ano 360 a.C. – e ainda é muito atual e conhecido –, com o título "Revoluções da alma":

"Ninguém é dono da sua felicidade, por isso não entregue a sua alegria, a sua paz, a sua vida nas mãos de ninguém, absolutamente ninguém.

Somos livres, não pertencemos a ninguém e não podemos querer ser donos dos desejos, da vontade ou dos sonhos de quem quer que seja.

A razão de ser da sua vida é você mesmo.

A paz interior deve ser a sua meta de vida; quando sentir um vazio na alma, quando acreditar que ainda falta algo, mesmo tendo tudo, remeta o seu pensamento para os seus desejos mais íntimos e busque a divindade que existe dentro de si.

Pare de procurar a sua felicidade cada dia mais longe.

Não tenha objetivos longe demais das suas mãos, abrace aqueles que estão ao seu alcance hoje.

Se está desesperado devido a problemas financeiros, amorosos ou de relacionamentos familiares, busque no seu interior a resposta para se acalmar, você é reflexo do que pensa diariamente.

Pare de pensar mal de si mesmo e seja o seu próprio melhor amigo, sempre.

Sorrir significa aprovar, aceitar, felicitar.

Então abra um sorriso de aprovação para o mundo, que tem o melhor para lhe oferecer.

Com um sorriso, as pessoas terão melhor impressão sua, e você estará afirmando para si mesmo que está "pronto" para ser feliz.

Trabalhe, trabalhe muito a seu favor.

Pare de esperar que a felicidade chegue sem trabalho.

Pare de exigir das pessoas aquilo que nem você conquistou ainda.

Agradeça tudo aquilo que está na sua vida, neste momento, incluindo a gratidão e a dor.

A nossa compreensão do Universo ainda é muito pequena para julgarmos o que quer que seja na nossa vida.

A grandeza não consiste em receber honras, mas em merecê-las."

16
Como andam as nossas percepções?

Todos os dias, abrimos os olhos para o nosso mundo particular, com nossa percepção muito pessoal dos fatos, acontecimentos e cocriações. A nossa percepção está conectada com a forma como interagimos com os outros, usando as nossas referências pessoais, referências estas que tomaram forma ao longo da nossa vida.

O que é certo, o que é errado e para quem? Você já se fez estas perguntas?

É uma boa reflexão para compreender como percebemos o mundo que nos cerca. Estamos de passagem por essa experiência terrena, que, embora cativante, é uma experiência que requer esforço e atenção. Com o passar dos anos, vamos sentindo a necessidade de nos conhecer melhor, pois o outro não bastará se não tivermos amizade e amor por nós mesmos.

Desperdiçamos tempo e energia culpando, remoendo, adorando e conjecturando sobre coisas, pessoas e situações, mas e quanto ao tempo que deveríamos investir em nosso autoconhecimento? Será que é menos importante? Por que deixamos para depois?

Há outro ponto ainda: como percebo essas questões em mim mesmo? Em que lugar me coloco quando se trata de trabalhar o mundo interno?

O autoconhecimento abre as portas para o crescimento e a evolução. Quando me permito contemplar o que "estou" e como "estou" neste momento, começa a interação com a parte mais importante dessa experiência, pois passo a perceber como reajo aos estímulos externos e como me posiciono ou não diante dos desafios.

Somos seres procrastinadores, principalmente quando o assunto é autoavaliação e decisões quanto a mudanças necessárias e urgentes.

É necessário observar quais as lentes que hoje utilizamos para identificar os padrões do mundo e ajustá-las para imersão interna, ficando frente a frente com as nossas sombras. É preciso compreendê-las e ter a dimensão correta do quanto somos controlados ou alheios a elas. As sombras são, muitas vezes, os impulsos contidos e represados pela percepção adaptada na contramão da evolução, aprendida e introjetada automaticamente como algo ruim ou como defeitos a serem corrigidos.

Nossa percepção de mundo é muito pessoal. Estamos dentro de uma teia de um inconsciente coletivo em que não precisamos parar para avaliar as situações que nos cercam, pois a mensagem é: "siga o fluxo". Que fluxo é esse? Você realmente se identifica com tudo o que o cerca, ou é apenas trabalhoso e cansativo demais fazer os ajustes necessários? A percepção que temos hoje é nossa ou é simplesmente algo sugerido que aceitamos sem questionar?

Como está a percepção de mundo para você, ampla ou restrita? Como está a percepção do seu mundo interno? Existem metas bem traçadas ou "está apenas seguindo o fluxo"?

17
Quais são as suas expectativas?

Vivemos muitos momentos de expectativas. Seriam elas falsas ou verdadeiras?

Segundo o *Dicionário Houaiss*, expectativa é uma situação de quem espera a ocorrência de algo, ou sua probabilidade de ocorrência em determinado momento. Ou seja, esperar algo, uma probabilidade que pode nunca existir, ou um momento que pode nunca chegar. Com isso, quero dizer que diariamente geramos expectativas em comportamentos, amizades, passeios, projetos etc.

Vamos falar das expectativas mais comuns, aquelas que geramos em relação às pessoas que nos cercam. Pensamos em algo que para nós é importante, maravilhoso, impossível de pensar que o outro não irá gostar, não é mesmo? Porém, na maioria das vezes, o outro não gosta ou não se emociona como você imagina que aconteceria, não agradeceu do modo como esperava e então vem a decepção. Decepção esta que estava pautada em uma expectativa, sendo que expectativa é apenas uma probabilidade, não é mesmo? Então, se é uma probabilidade, por que há decepção e tristeza?

Agimos constantemente pautados em expectativas, de agradar, de sermos acolhidos com entusiasmo, de sermos suficientes, de sermos reconhecidos. Derivadas desse comportamento surgem as grandes decepções, pois sempre esperamos muito do outro. Lembre-se de que, assim como geramos expectativas em relação aos outros, eles também geram expectativas em relação a nós, então, tudo bem. Ninguém deveria ter problemas com isso, afinal, são apenas probabilidades de dar certo de acordo com o que entendemos que seria bom ou interessante. Partindo desse ponto de vista, deveríamos perguntar: quantas vezes os outros geraram expectativas em relação a nós e não correspondemos à altura, ou podemos dizer que decepcionamos o outro?

Cabe analisar o quanto estamos ligados a emoções que, na maioria das vezes, não compreendemos e atribuímos ao outro a responsabilidade pela decepção, ou por não correspondermos ao esperado e vice-versa. Deveríamos compreender que está tudo bem, pois cada um tem sua maneira peculiar de ver o mundo e entender o que se passa ao seu redor, cada um lê os sinais de acordo com as suas percepções de mundo e do quanto conhece e se identifica com tudo o que acontece à sua volta.

Como nos movimentamos em ambientes onde não sabemos se estamos seguros? Na maioria das circunstâncias, as emoções não estão em territórios seguros. Cabe aqui refletir sobre essas questões, pois a segurança vem de dentro para fora, vem dos valores construídos durante a vida, pautados em experiências concretas, e não em expectativas, em emoções conscientes e não ilusórias.

O tempo nos traz a real experiência e nos ensina que expectativas são realmente probabilidades, e tudo bem o outro não pensar igual a mim. Com isso, preciso aprender que não devo esperar o retorno de acordo com meus parâmetros, e sim deixar livre, assim como mereço ter a liberdade de pensar, achar, gostar ou não de tudo o que planejam ou pensam para mim.

Deve-se aproveitar a liberdade de ser cada vez mais dono e senhor do seu presente, construindo um futuro saudável dentro da verdade de cada um, sem máscaras. Com essa liberdade, pode-se ir construindo a segurança interna, que certamente não será apenas uma expectativa vazia, uma probabilidade, e sim a construção diária da capacidade de lidar com as variáveis que, na maioria das vezes, afetam e criam emoções contraditórias e negativas, levando a experiências difíceis que abalam a segurança interna e impedem a construção de valores positivos, criativos e significativos.

Vale a pena repensar quais são as expectativas que tenho em relação aos outros e perguntar a mim mesmo se o outro realmente tem as mesmas que tenho, assim como o raciocínio inverso: será que o outro sabe quais são as minhas expectativas? E quais as emoções ligadas a essas expectativas? Este é um bom exercício de autoconhecimento e uma ótima reflexão.

Então, quais são as suas expectativas?

18
Reflexão sobre "dar um jeitinho"

O que você pensa sobre "dar um jeitinho" para tudo? Você já parou para pensar qual é o comportamento que está implícito nessa atitude? E quando você é o alvo desse "jeitinho", como você se sente? Ficamos magoados, por vezes furiosos, sentindo-nos enganados, sem compreender o porquê daquele comportamento, sem compreender onde ficam o reto pensar, reto agir e reto viver. Estas três são premissas trazidas pela espiritualidade, em que você não deve praticar algo que possa causar dano a alguém, por meio de pensamentos, ações e modo de vida.

Qual a necessidade de passar na frente de alguém em uma fila? Aquela pessoa chegou antes e ficou aguardando a vez dela chegar, por que o outro não pode esperar a sua vez sem tentar usar de esperteza? Outros comportamentos igualmente irritantes e desrespeitosos têm sido cada vez mais comuns.

Somos seres de hábitos, e o "dar um jeitinho" também está sendo incorporado como um hábito impresso no inconsciente coletivo como comportamento-padrão de "todo brasileiro. Esse comportamento o representa? A mim não, definitivamente não me representa.

Um simples furar de fila, enganar, vender artigos falsos, representar um papel para receber algum tipo de benefício, entrar em lugares sem ser convidado são apenas algumas das atitudes que fogem ao padrão normal, que é o respeito. É preciso respeitar para ser respeitado. Não existe justificativa que vá desculpar ou apagar essa ação, e a única ação possível é se colocar no lugar do outro e perceber como se sentiria se isso acontecesse com você. Não estamos imunes a esses comportamentos. Vale destacar que comportamento significa: "procedimento de alguém diante de estímulos sociais ou sentimentos e necessidades íntimos ou uma combinação de ambos".

O comportamento, com o tempo, pode ser refinado, substituído ou modificado. À medida que vamos interagindo com outros ambientes, temos a capacidade de ir absorvendo novas formas de agir. A busca pelo conhecimento também nos abre as portas para novas formas de agir e de avaliar as nossas atitudes e os nossos comportamentos, pois tudo é muito dinâmico, basta estarmos abertos a essas mudanças.

Estamos na era da busca, da expansão, das múltiplas oportunidades. O mundo hoje nos oferece infinitos meios de aprender e reciclar o que sabemos, de abordar novos temas, ousar aprender novos saberes e, assim, nos tornarmos melhores a cada passo, a cada dia e a cada novo aprendizado em que ressignificamos nossas atitudes e comportamentos. Como isso se chama evolução, vamos seguindo adiante, nossas atitudes vão sendo observadas e nosso exemplo faz com que muitas coisas à nossa volta tomem a mesma direção no sentido de crescimento e desenvolvimento mútuos.

Muito em breve os comportamentos abusivos não terão espaço em nosso meio, o planeta caminha para um novo cenário que não comporta mais essas atitudes rudes, mesquinhas e desrespeitosas. Como mencionado acima, somos seres de hábitos, então podemos concluir que podemos refinar, elevar e criar hábitos saudáveis, e assim contribuir com a energia de elevação que está presente em nosso planeta, tornando a nossa jornada mais suave e a do nosso semelhante também.

Encerro este artigo com esta frase dita por Mestre Argon: "Que o despertar traga a cada um uma nova visão interna muito particular onde não se olhe a sombra do outro, e sim que cada um busque conhecer as suas próprias sombras, pois, sendo assim, não sobrará tempo para críticas, desconfianças e depressões".

19
Como anda o meu julgamento?

O termo "julgar" significa sentenciar. Isso faz sentido para você?

Querendo ou não, julgamos muito rapidamente, mais do que deveríamos. Julgamos o comportamento, o modo de vestir, de falar, o modo como os outros decidem sobre suas questões e muito mais.

Somos ótimos julgadores, porém péssimos ouvintes. Antes de "julgar", precisaríamos ouvir, pois é assim que em um processo judicial o juiz atua, ele primeiro ouve, avalia e depois emite a sentença ou o julgamento.

No nosso dia a dia não é assim que funciona, somos muito rápidos em julgar as atitudes alheias sem nos colocarmos no lugar do outro para saber o que se passa, ou, no mínimo, para colher alguns detalhes da situação que levaram àquela decisão. É muito comum observarmos isso nas redes sociais, em que julgamos o tempo todo, nos esquecemos que o que foi postado – seja uma entrevista, um ponto de vista ou um artigo – é apenas uma fração, uma ideia do que está ocorrendo naquele momento. Então, como seria fazer as perguntas certas antes de julgar? Vejamos:

* Como será que a pessoa está se sentindo?
* O que a levou a tomar determinada decisão?
* Qual será o contexto em que ela está inserida neste momento?
* Como posso ajudar?

Esta última questão é bem esclarecedora: *como posso ajudar?* E como seria não julgar? Este seria um princípio de grande ajuda, pois evitaria sofrimentos e desgastes, até porque, se você está vivenciando algo semelhante à situação em que você emitiu um julgamento, deveria se voltar para sua própria situação e se perguntar: o que mais está acontecendo com o outro que o levou a tal decisão?

Tem a ver também com a coragem da tomada daquela decisão, talvez a coragem que você mesmo ainda não tenha, ou sua situação está em um nível de controle que ainda é suportável por você, ou simplesmente porque acredita que não tem outra solução. E não tem nada de errado com isso. Cada um tem o seu tempo e suas próprias referências internas, e justamente por essa razão, em um mundo que por si só já é duro e inflexível na maior parte das vezes, deveríamos ser mais acolhedores e menos julgadores.

O que o outro faz ou deixa de fazer não nos diz respeito, pois estamos neste mundo, nesta experiência terrena, justamente, para refinar todas essas posturas, aprender o que se faz necessário e evoluir em todos os aspectos. É importante sabermos que cada um tem o seu tempo.

Considerando essa hipótese, como seria pelo menos avaliar e se colocar no lugar do outro antes de julgar? Somos todos seres em construção, aprendizes que precisam exercitar os ensinamentos que recebemos há mais de 2.000 anos pelo menos. Por exemplo: "Atire a primeira pedra aquele que não tiver pecado" (João, 8:7); ou: "Não julgueis para que não sejais julgados. Porque com o juízo com que julgardes sereis julgados, e com a medida com que tiverdes medido vos hão de medir a vós" (Mateus, 7:1-2).

Com certeza, a história nos traz muitos mais desses mesmos ensinamentos, que são a base para o despertar das consciências, que nada mais é do que compreender o seu propósito neste tempo e a sua responsabilidade para com cada ato e cada pensamento emitido. Pensamentos são energias que emitimos a todo momento, então pergunto: quais são as energias que você emite diariamente?

O mundo extrafísico é plástico, sensível aos nossos pensamentos e ações, e isso molda o mundo a nossa volta, molda o cenário em que estamos, logo, ter esta consciência nos ajuda a olhar o outro com a compreensão de que, se não conheço o contexto todo, não seria ético emitir opinião a respeito.

Isso faz sentido para você?

20
Como seria "Se"

Como seria se acreditássemos que podemos fazer mais por nós mesmos e que todas as crenças às quais estamos presos pudessem ser ressignificadas?

Criamos a cada momento o nosso futuro, e ele não depende do que os outros farão por nós, não depende da herança que um dia vamos receber, não depende do quanto os outros estão dispostos a nos compreender ou nos auxiliar. O nosso futuro depende apenas das nossas escolhas no presente.

Depende do quanto estamos dispostos a trabalhar as nossas carências, nossas crenças, nossas dificuldades de nos relacionar com os outros, a nossa afetividade, o quanto estamos dispostos a mergulhar em nossas próprias sombras, pois só dependemos de nós mesmos, nada tem a ver com os outros, e sim com nós mesmos.

Somos os autores e cocriadores da nossa existência, os únicos capazes de escolher o que nos faz bem, o que nos coloca em contato com a Divina Presença que habita em cada um de nós. Somos nosso presente e somos nosso futuro, temos as rédeas para criar a jornada necessária, para abrir caminhos, construir pontes, derrubar muros e nos conectar verdadeiramente com as pessoas importantes para nossa vida.

Faz-se necessário remover o véu da ilusão que nos deixa à margem de muitas coisas ainda incompreendidas, a ilusão que nos leva à intolerância, a decisões vazias e sem sentido, a complicadas relações em que o controle e o apego ainda funcionam como algemas, fazendo prisioneiros emocionais, dependentes e carentes de um gesto de amor verdadeiro. Aquele amor que dá liberdade e aconchego às emoções que buscam a serenidade de um abraço desinteressado.

Como seria "se" encontrássemos as verdadeiras palavras, aquelas que fariam toda a diferença em um diálogo sem preconceitos, aberto e sincero? Como seria "se" o nosso olhar não visse a crítica, e sim a necessidade de auxiliar e fazer parte de forma completa do dia a dia de todos os que nos rodeiam, dos atores que junto conosco caminham, sentindo-se úteis, acolhidos, valorizados, com a autoestima elevada? Isso deveria ser normal, e não a depressão e a tristeza que assolam centenas de pessoas à nossa volta.

A alegria deveria dar o tom do dia, e não a preocupação. Não deveríamos nos preocupar com o excesso ou com a falta, e sim com a harmonia e com o equilíbrio, tão escassos ultimamente.

Como seria "se" despertássemos para a confiança, acordássemos para os valores e praticássemos o diálogo sincero, olhando nos olhos, dando a real importância àquele momento e a quem estaria a nossa frente, valorizando aquele Ser pelo que ele é, sem falsas cortesias ou frases dissimuladas, apenas dando a ele o que realmente tem valor e é a única coisa que realmente podemos dar porque é nosso? Como seria dar o seu tempo com qualidade?

21
Reflexão – autoconhecimento

Somos a pena na mão do exímio escritor, portanto temos que ter cuidado com o tema da história que estamos escrevendo. Quando a nossa alma dita o tema, a história encontra o seu rumo.

Somos todos viajantes de um tempo desdobrado, porém não o compreendemos, então vivemos presos no tempo passado, atrapalhando nosso presente e comprometendo nosso futuro. Precisamos ousar ir além, mergulhar na busca e no resgate de partes em nós esquecidas; ao invés de se livrar, buscar a cura, ressignificar as questões que ainda são doloridas e ter em mente que escrevemos a nossa história diariamente.

Sabotamo-nos no momento presente insistindo em resgatar coisas passadas na ilusão de que temos como manipular as linhas temporais e fazer desaparecer ou recriar situações. Hoje o passado parece diferente porque aprendemos coisas novas, e as experiências nos transformaram. Assim nasceu a nova percepção, porém é a percepção do agora, é com essa percepção que você olha o seu passado e o vê diferente, mas não se engane, você vê diferente porque está em outro momento e evoluiu para esse pensamento.

Qual a história que você quer viver, aquela do seu passado ou aquela que está se desenhando neste agora. Lembre-se de que este hoje amanhã será passado, então repense como quer formatar esse momento para que ele se transforme em uma lembrança com registros positivos e agradáveis, e não mais em lembranças carregadas de culpa e autopunição.

O autoconhecimento nos traz esse novo olhar, mais compassivo, mais amoroso, onde a culpa é substituída pela responsabilidade e assim diminui o peso e abre uma gama de oportunidades para repensar o caminho e reavaliar os comportamentos repetitivos, abrindo uma nova consciência de SER, de se integrar, compartilhar, crescer e evoluir.

Desse modo, podemos olhar o passado com olhos mais compassivos e amorosos e compreender que estamos evoluindo a cada passo, a cada dia, permitindo que nossa alma encontre o rumo certo. Assim, quando formos ler novamente a nossa história, que possamos ler nas linhas do tempo a mais linda história de amor com nossa própria existência; e ao olharmos para trás, possamos compreender que toda jornada começa com a decisão de um primeiro passo, e não necessariamente tem que ser o passo certo, precisa apenas da ação que será o impulso decisivo que nos levará ao final da nossa jornada.

O caminho é longo, e os desafios parecem insuperáveis, porém não impedem o movimento da natureza, pois somos parte dela e, assim sendo, as flores vão desabrochar na estação certa, e a tinta encontrará a tela, para recomeçar a nova pintura, senão a mais bela de todas.

Não precisa ser a jornada perfeita, porém temos que aprender a apreciar o caminho com gratidão, sabendo que podemos mudar sempre que precisarmos. Assim como o escritor revisa a história antes de publicá-la, podemos revisar diariamente a nossa história a fim de escrevermos um final feliz, o nosso final feliz.

22
O dia ideal!

O dia ideal para iniciar um novo projeto é hoje.

Como seria iniciar o projeto de autoconhecimento, zerando crenças, hábitos não tão positivos e ressignificar esse momento em sua vida?

Lembre-se: se as coisas não estão indo como você gostaria, isso quer dizer apenas que há algo que você ainda não sabe. Confie nisso!

E por falar em confiança, adoro a história do homem que está caminhando à beira de um penhasco quando, de repente, perde o equilíbrio e cai. Felizmente, ele tem a presença de espírito de se agarrar a uma saliência do penhasco e ficar pendurado ali de forma desesperadora. Depois de passar algum tempo nessa situação, começa a gritar por socorro:

– Há alguém aí em cima que possa me ajudar?

Não ouve nada. Ele continua gritando:

– Há alguém aí em cima que possa me ajudar?

Até que uma voz estrondosa responde:

— Sou Eu, Deus. Posso ajudá-lo. Solte-se e confie em mim.

O que se ouviu em seguida foi:

— Há mais alguém aí em cima que possa me ajudar?

A lição é simples. Se você quer passar para um nível de vida mais elevado, tem que estar disposto a abrir mão de alguns dos seus velhos modos de ser, pensar e adotar novas opções. No fim, os resultados falarão por si mesmos.[1]

Use esse momento para buscar dentro de você tudo o que sempre postergou, dizendo que não tinha tempo. Exercite o autocuidado e o autoamor, pois assim contribuirá com o Universo para que todas as coisas voltem ao seu lugar o mais rapidamente. Use sua introspecção para cocriar um novo amanhã mais consciente. Confie!

---

1 Trecho do livro *Os segredos da mente milionária*, de T.Harv Eker.

23
Texto para ler a cada virada de ano

O que é importante para você hoje? Qual o caminho para a conquista dos sonhos, para as realizações e o sucesso? Há quanto tempo estamos procurando por respostas prontas, por fórmulas mágicas, por soluções rápidas e eficazes? Quantas perguntas, não é mesmo?

Acredito que este seja um excelente momento para parar e responder às perguntas que durante muito tempo fizemos. Muitas vezes, porém, não escutamos as respostas, ficamos surdos à nossa sabedoria interior, cegos às nossas conquistas, valorizando o externo, o outro, o ter.

Fazemos comparações inúteis, sabemos que são inúteis e só nos machucam, porém é mais fácil olhar para o externo do que se voltar para o interno. Essa jornada é solitária e nada glamorosa. Relutamos em observar quem somos realmente, vivemos na ilusão de quem queremos ser, porém não trabalhamos para concretizar esse objetivo. Tudo parece distante e, muitas vezes, inalcançável, sem contar que isso dá um trabalho danado.

Olhar para si, se aceitar, amar quem você foi, amar e aceitar quem se tornou, projetar as melhorias que ainda precisam ser feitas e colocar em prática cada uma dessas fases é cansativo, principalmente porque tudo só depende de você. Nesse caminho, você não vai encontrar a quem culpar. Por quê? Porque não existem culpados, não existe culpa, existe somente a experiência, a lição.

Ao desejarmos aos outros tudo de bom, paz, luz, sucesso, alegrias etc., você se lembrou de desejar a si próprio em primeiro lugar? E esses desejos são mecânicos ou sinceros? Cada palavra foi pensada ou somente copiada e colada?

Que neste novo ciclo que se inicia possamos nos voltar para dentro e amar quem está lá, olhar para as conquistas com amor, para as frustrações com carinho, para as quedas com orgulho, sim, com orgulho de ter caído e levantado, é nisso que consiste a vitória. Todos caímos, e o grande perigo é quando permanecemos lá e não fazemos nada para mudar. Isso se chama derrota? Não, ao contrário, é vitória que nos impulsiona para a próxima lição.

Tudo está em constante mudança, em movimento. A vida é assim, dinâmica, bela, cheia de surpresas, eu até diria que um pouco sarcástica às vezes, porém, no final das contas, é uma experiência reveladora, pois percebemos que sabemos muito pouco da vida. O mistério consiste em descobrir o que mais virá, o que aproxima a descoberta a ser feita e qual a próxima e surpreendente novidade está para chegar.

Desejo que seu novo ano chegue permeado de muitas descobertas, maravilhosas viagens para dentro de si, que o próximo ano seja extraordinário em todos os sentidos!

Quanto você acredita no seu potencial? Ou melhor, você acredita no seu potencial? O que está faltando para conquistar o que tanto você quer? Pense nisso!

24
Procrastinação

O que é procrastinação e como nos afeta? Procrastinar é o ato de adiar algo ou prolongar uma situação para ser resolvida depois (*Dicionário Priberam*).

Temos a tendência de deixar tudo para depois. O pensamento recorrente é: "amanhã eu faço"; "isso é só para semana que vem"; "não tem pressa"; "relaxa, temos tempo". Como você se sente a respeito? Qual é o comportamento que está presente no momento em que quer adiar os afazeres?

Somos seres de hábitos, alguns positivos, outros nem tanto. Nossos comportamentos definem quem somos e nos mostram para onde queremos ir ou estamos indo. Quando adiamos as tarefas ou as decisões, estamos adiando, muitas vezes, o nosso encontro com a realização ou o sucesso. Perdemos o foco com facilidade, não temos um plano de ação para seguir e nos guiar, lembrando sempre que podemos ir ajustando a qualquer momento nossa direção, de acordo com a necessidade que surge ou com as melhorias que pretendemos fazer. O ato de procrastinar depende da percepção que temos do momento, de nós mesmos e da nossa trajetória.

O que é urgente? O que é importante? O que é necessário? Sábias são as palavras de Charles Lutwidge Dodgson eternizadas na fábula *Alice no País das Maravilhas*, sob o pseudônimo de Lewis Carroll: "Se você não sabe aonde quer ir, qualquer caminho serve". Frequentemente nos aventuramos em muitas atividades sem uma estratégia ou um plano de ação, sem um mapa que nos mostre onde estamos e para onde queremos ir, que nos dê a direção correta. Assim vamos traçando metas na maioria das vezes inalcançáveis, como sabotadores inconscientes ou, muitas vezes, conscientes, pois se não der certo, temos o conforto da desculpa de que era difícil demais para esse momento. Sem estratégia, sem um plano e sem o estabelecimento da meta adequada para o momento e as condições apropriadas, estamos, sem sombra de dúvidas, nos aventurando em caminhos desconhecidos. Ao agirmos assim repetidamente, a mensagem que fica impressa no nosso inconsciente é a de que não vamos conseguir porque não temos a capacidade necessária ou a condição financeira adequada. Mas como seria analisar qual a percepção que você tem do momento presente e quais as suas expectativas para o seu futuro, ou qual a percepção tem de si mesmo?

Estabelecer metas e objetivos é de suma importância para conquistar a vida tão sonhada em qualquer esfera, seja financeira, de relacionamentos, emocional etc. Cada decisão, sem sombra de dúvidas, vai exigir de você esforço, foco, mudança de comportamento, comprometimento, responsabilidade, disciplina, mudança de postura corporal, enfim, um envolvimento cem por cento genuíno, além de muita energia.

Achou cansativo? Acredite, viver na mediocridade é muito mais cansativo, pois a cada esquina você tem que decidir na urgência o que precisa fazer, o que envolve despender energia em dobro, dinheiro de que, às vezes, você não dispõe no momento e com certeza muita frustração.

Ayn Rand tem uma frase muito significativa que acredito se encaixar neste ponto para reflexão: "O dinheiro é apenas uma ferramenta, ele vai levá-lo aonde você quiser, mas não vai substituir o motorista".

Percebeu? Vai com certeza exigir o foco no agora, o compromisso com os seus sonhos, a responsabilidade pela tomada de decisões e a disciplina para seguir a estratégia e o plano de ação, para mais adiante apreciar a construção de um caminho com bases sólidas e muita satisfação, usufruindo das conquistas e reforçando a autoestima e criando referências positivas para o "eu mereço", "eu posso", "eu consigo".

Cabe aqui mencionar que tudo o que está descrito acima envolve responsabilidades, não com os outros, mas com si mesmo, pois toda decisão, toda escolha depende só de você e não tem nada a ver com as outras pessoas. Não existem culpados, existe o aprendizado, que é pessoal e depende só de você.

Cada vez que pensar em deixar para depois, pense que é uma escolha e é só sua!

25
Aatma Vichaara – a meditação do ser

Aatma Vichaara, de Ramana Maharshi, é o questionamento sobre a natureza real da alma, tem como objetivo eliminar as falsas ideias sobre o Eu e o ego e nos ensinar a separar o espectador do espetáculo, a consciência do que se vê e o que é visto.

Quem sou eu, que não sou este corpo?
Sou o ser (que é imaterial, imutável, imperecível).
Quem sou eu, que não sou esta mente que pensa?
Sou o ser (que é serenidade e paz).
Quem sou eu, que não sou os cinco sentidos?
Sou o ser (que é silêncio e comunhão).
Quem sou eu, que não sou as emoções?
Sou o ser (que é ponderação e equilíbrio).
Quem sou eu, que não sou sensações?
Sou o ser (que é satisfação).
Quem sou eu, que não sou desejo, necessidade e vontade?

Sou o ser (que é plenitude).
Quem sou eu, que não sou passado, presente nem futuro?
Sou o ser (que é atemporal, eterno).
Quem sou eu, que não sou ego, personalidade?
Sou o ser (que é tudo).
Quem sou eu, que não sou os papéis que represento?
Sou o ser (que é a verdadeira natureza, a verdadeira identidade).
Quem sou eu, que não sou individualidade?
Sou o ser (que é uno).
Quem sou eu, que não sou orgulho e vaidade?
Sou o ser (que é simplicidade).
Quem sou eu, que não sou insegurança e medo?
Sou o ser (que é luz).

26
E o vento encontrou o mar!

Este é um conto para nos levar a uma profunda reflexão sobre força e poder. A narrativa usa das metáforas para nos conduzir a um raciocínio sobre comportamento.

O vento estava calmamente se deslocando quando de repente avistou uma grande massa de água. Ele estava acostumado a brincar com os rios e lagos, produzindo pequenas ondas e fazendo com que essas ondas respingassem na vegetação que circundava o leito dos lagos e dos rios. A grande quantidade de água encantou o vento:

– Quanta água! Vou precisar soprar mais forte para produzir boas ondas.

Foi aí que teve a brilhante ideia de testar a sua força:

– Até onde posso ir? Qual será a minha real natureza. Será que tenho força suficiente para fazer essa massa de água se levantar?

Concluindo esse pensamento e querendo colocar em prática sua teoria, se preparou e começou a soprar. Soprou cada vez mais forte. Quando mais soprava, mais poderoso se sentia, afinal, ele poderia dominar o mar. O mar se agitava, grandes ondas estavam sendo formadas, porém o vento não conseguia acompanhar cada onda e para onde se dirigiam. No impulso de testar sua força, perdeu a noção do todo, pensando que estava somente manipulando aquele pedaço de mar. Foi quando ouviu uma voz que o interpelou:

– Por que estás soprando com tanta violência e modificando minha superfície? Por acaso estás percebendo a destruição que estás causando? Não consigo resistir ao teu sopro e, dessa forma, não controlo a imensidão que está em mim e se agita sem controle. Vê ao teu redor, estás consciente do quanto já destruíste? Ou apenas dentro de teu ego pensas estar medindo forças comigo? Vê, até este momento não me manifestei, mas agora te digo: não tenho responsabilidade por esta destruição, e sim tu, pois não mediste as consequências, apenas estás medindo forças.

Nesse momento, o vento parou de soprar e olhou ao redor. Havia muita destruição, as ondas não respingaram só nas praias e nos rochedos, mas com violência alteraram toda a paisagem. Então o vento se voltou para o mar e perguntou:

– Por que você não me impediu de soprar tão forte?

E o mar respondeu:

– Por que não perguntaste o que poderia acontecer se soprasses muito forte minhas águas?

Muitas vezes, independe de nós refrear a nossa natureza, porém podemos escolher onde testá-la. Os elementos que se manifestam a nossa volta nos envolvem, e como nas grandes ilusões, ficamos perdidos sem perceber o que podemos causar, ou podemos ficar tão absorvidos na sensação de força e poder que perdemos momentaneamente a capacidade de perceber o estrago que podemos causar.

É muito comum responsabilizarmos quem está próximo, na ilusão de não nos responsabilizarmos pelos nossos atos.

Conhecer a sua força e as condições em que se manifestam pode gerar força construtiva, produtiva e semear luz, abundância e prosperidade, ou gerar poder e ser consumido por essa força devastadora e causar danos, dores, tristezas, misérias e separação.

Por essa razão, o autoconhecimento se torna a balança que faz com que possamos olhar para a situação e dosar a força ou o poder que queremos colocar em prática.

Devemos ter consciência de que somos responsáveis pelas medidas empregadas, pois não somos elementos isolados, e sim elementos que interagem, interconectados. Dessa forma, podemos modificar toda a paisagem a nossa volta.

Sempre podemos escolher: vida ou morte, luz ou escuridão, alegria ou tristeza. Dualidade – esta é a nossa natureza.

27
O que significa este momento para você?

Em momentos de crise é que nos conhecemos melhor. Quando literalmente perdemos a liberdade, seja ela de expressão, de ir e vir, de professar nossa religião, nossas crenças ou em outros aspectos também, nesse exato momento é que damos valor às nossas liberdades.

Fazemos tudo com liberdade, sem nos darmos conta do quanto ela é importante. Somos levados a acreditar que somos livres, invencíveis, capazes etc., mas será que isso significa liberdade?

O que é liberdade? Estou falando da liberdade que ninguém pode tirar de você, aquela que nasce e se multiplica dentro de cada um quando atinge um certo gradiente de consciência, onde a clareza de seu propósito vem à tona, onde começa a compreender que a verdadeira liberdade está dentro de cada um e faz parte de uma construção diária. Essa construção tem alicerces fortes, pois se baseia no conhecimento, na experimentação, na prática e na capacidade de contestação. Por que temos tanta dificuldade de fazer as perguntas certas? Será que nos sentimos realmente livres para fazê-las ou será que temos medo das verdadeiras respostas?

Estamos vivendo um momento delicado, em que somos "convidados" a ficar em casa, por uma boa causa, sem sombra de dúvidas, pois há riscos envolvidos, risco à saúde, nossa e das pessoas que nos cercam. Então, qual a dificuldade em ficar em casa? Será que é a sensação da perda de liberdade de ir e vir que está nos afetando, ou será a falta de intimidade interna de conviver com si mesmo? Isso afeta, e muito, a forma como pensamos ou percebemos.

Se não estamos acostumados por livre vontade a ficar sozinhos, reflexivos em um ambiente somente nosso, quando somos convidados a fazer isso, é como se estivessem cerceando nossa liberdade. Veja, estamos elegendo um "culpado" para essa situação, como fazemos com quase tudo o que nos afeta. Este pode ser um momento muito bom para rever nossos comportamentos, rever a forma como pensamos e como percebemos tudo o que nos cerca.

A liberdade está dentro de cada um de nós e não fora, como tudo o que nos cerca e nos afeta, lembrando que sempre há a permissão para isso acontecer, uma vez que nos afeta e modifica o nosso meio quando permitimos.

Não existe situação boa demais ou ruim demais, existem apenas situações. O que define se é boa ou ruim, triste ou alegre, pequena ou grande, somos nós. Definimos o que queremos a todo o momento. Ninguém consegue tirar o que é seu. Sua liberdade não está no seu andar, na sua mobilidade, está na sua forma de perceber e aplicar, está dentro, e não fora.

Em muitos casos, o assumir que a liberdade depende do meio ambiente que cerca você pode causar ansiedade, pois a mínima menção de que você não pode mais ir ou vir já modifica tudo a sua volta, porque não está na percepção externa, e sim interna. Somos livres pensadores, capazes de criar, construir, viajar, sonhar, quando acreditamos que temos esse potencial. Gandhi disse: "A prisão não são as grades, e a liberdade não é a rua; existem homens e mulheres presos na rua e livres na prisão". Ele resumiu de forma clara o que é liberdade.

Liberdade é uma questão de consciência, e o que é consciência? Segundo o dicionário, consciência é um sentimento ou conhecimento que permite ao ser humano vivenciar, experimentar ou compreender aspectos ou a totalidade de seu mundo interior.

Aqui podemos dizer também que o conhecimento é muito importante nesta nossa jornada, pois ficar alheio às verdades existentes sobre o todo e, principalmente, sobre si mesmo é o que nos torna cativos, prisioneiros, dependentes de alguma coisa ou algo maior, vivendo cada dia mais dentro de uma ilusão, que pode ser até romântica em alguns pontos de vista.

Para encerrar, vamos citar as palavras do Mestre dos Mestre ditas há mais de 2.000 anos: "Conhecereis a verdade, e a verdade vos libertará".

Então, se não formos atrás dessas verdades e não as confrontarmos, podemos dizer que não somos livres? Qual é exatamente essa liberdade? Assim como o bom desbravador busca as informações sobre sua direção, que este seja um pequeno impulso para sua reflexão sobre este momento de reclusão pelo qual passamos.

E você, neste momento, como se sente?

Livre ou cativo?

Cristina S. de Oliveira

PARTE 2

Introdução

Descobrir o universo da terceira idade é como navegar por mares com águas que ora podem se apresentar calmas e serenas, ora agitadas e revoltas, a cada dia diferente e sempre surpreendente. Só foi possível entender esse universo do idoso com a convivência diária e a aceitação de mudanças e diferenças – e mesmo após dez anos, está sempre me surpreendendo.

Os artigos que aqui se encontram fazem parte do site do Espaço do Desenvolvimento do Ser – Estrela do Oriente (https://espacomultidimensional.com.br/), que tem como objetivo compartilhar informações e conhecimentos que auxiliem quem está em busca de respostas para o seu momento, ou que não sabe por onde começar a sua busca espiritual e contribuir para a conscientização do momento planetário em que estamos vivendo. Foi construído para ajudar a despertar a compreensão de que somos seres integrais, não fragmentados, desenvolvendo assim uma consciência ampliada de quem realmente somos e de qual é o nosso propósito nesta caminhada aqui no planeta Terra.

Esses artigos foram escritos visando compartilhar aprendizagens adquiridas de experiências com um grupo da terceira idade, uma clínica geriátrica e vivências com meus pais. Muito estudo nas áreas da Geriatria e da Gerontologia, assim como entrevistas e conversas com médicos e outros profissionais que atuam com a terceira idade, formaram, juntamente com a busca e o apoio da espiritualidade, a base para essa jornada. E nesse caminho, quando percebi, eu estava entrando nessa faixa etária.

De acordo com a Organização Mundial da Saúde (OMS), terceira idade é a fase da vida que **começa aos 60 anos, nos países em desenvolvimento, e aos 65 anos, nos países desenvolvidos**. Algumas mídias e grupos optam por chamar de a melhor idade, maturidade e feliz idade. Há também quem discuta qual a faixa etária de quem entra na terceira idade, se é aos 60, 65 ou 70 anos. Conversaremos usando os termos "idoso" ou "da terceira idade" para acolher, de forma global, os diferentes pontos de vista.

Os desafios que nos idosos notei, comecei a por eles passar. As mudanças que ocorrem naturalmente na velhice, estudadas e observadas nesse grupo, começaram a ser sentidas em mim. O olhar amoroso e zeloso que sempre tive para com eles agora vou treinar comigo. E nessa trajetória de tantas surpresas e aprendizagens, foi desenvolvida a paciência para com as limitações e diferenças à medida que ocorrem novos ciclos com o aumento da idade.

Os conhecimentos e as vivências são muitos, e aqui somente alguns estão pontuados por meio de breves reflexões, como um convite a acolher uma forma mais flexível e respeitosa de olhar e entender o processo do envelhecimento.

Estamos sempre aprendendo algo novo ou reaprendendo a enxergar os diferentes fatos que a vida nos coloca diariamente. Esse tem sido o meu olhar até agora, pois sei que estamos sempre nos construindo e, muitas vezes, nos desconstruindo de crenças e modos de ser e viver. Novos desafios estão sempre presentes e são oportunidades para o autoconhecimento e para nos tornarmos mais empáticos com o próximo.

Boa leitura, e que estes textos possam encontrar ressonância no seu coração, levando-lhe alegria, conforto e vontade de buscar mais conhecimento para sua caminhada.

Cristina Schonwald de Oliveira
Gestora de Assuntos para Terceira Idade

1
Iniciando nossa jornada

Quando chegamos ao mundo, fomos recebidos com cuidados específicos para aquele momento. Um pediatra cuidou de nossa saúde, orientou nossos pais. A casa foi cuidadosamente adaptada para nos receber. Cama adequada, roupas e utensílios que seriam necessários para aquela etapa. Com o passar dos meses e de acordo com as mudanças surgidas, todo o ambiente foi se modificando e se adaptando.

Quando nos encaminhamos para a velhice ou terceira idade, como muitos preferem colocar, como lidamos com isso?

Preparamos nosso lar para este momento?

Preparamos nossa rotina para essa mudança de ciclo?

A família que recebe um recém-nascido tem toda uma rede de apoio e orientações disponíveis e acessíveis no seu entorno. E a família que tem um idoso, está preparada ou possui uma rede de apoio e orientações?

Como nada é estático neste mundo, diferentes mudanças estão sempre se manifestando no decorrer dos nossos dias e enquanto vivermos. Então, chega uma hora em que estando mais maduros, nos deparamos com a chegada de limitações que levam à necessidade de um novo olhar para essa etapa. Nessa ocasião, se apresentam muitos questionamentos com diferentes necessidades, expectativas e possibilidades que se vislumbram na rotina da nossa existência dentro do processo de envelhecimento nosso ou de algum familiar.

Quando estamos conscientes de que é de ordem natural passarmos por diferentes ciclos, então por que não buscar o melhor de cada fase, escolher compartilhar bons sentimentos, boas aprendizagens, bons momentos? Procurar fazer com que cada etapa da vida seja um novo ciclo pleno de novas experiências para um viver melhor.

Permitir a realização de mudanças é acolher a diversidade com a qual nos deparamos na nova jornada e nas pessoas que encontramos, procurando extrair sempre o melhor de cada um e de cada situação. Depende do nosso olhar e de nossas atitudes fazer do envelhecimento um processo bem-sucedido. Compete a cada ser decidir e escolher qual a direção que quer para sua jornada. O apoio existe, só precisamos realizar a ação de buscar, pois nunca estamos desamparados.

2
Rumo à terceira idade

O que define a terceira idade? De acordo com a Organização Mundial da Saúde (OMS), terceira idade é a fase da vida que começa aos 60 anos, nos países em desenvolvimento, e aos 65 anos, nos países desenvolvidos. Segundo o *Dicionário Houaiss*, "longevidade" é uma característica ou qualidade de longevo; duração da vida mais longa que o comum; e "envelhecimento" é definido como ato ou efeito de envelhecer; ato ou efeito de tornar-se velho, mais velho, ou de aparentar velhice ou antiguidade.

Com base nessas definições, o título deste artigo poderia ser: "Caminhando para a velhice" ou, como algumas mídias e grupos se referem, "para a melhor idade", "maturidade" ou "feliz idade". Há também quem discuta qual a faixa etária de quem entra na Terceira Idade, se é aos 60, 65 ou 70 anos. Em alguns países, o vínculo é feito com a aposentadoria e até mesmo com uma quarta idade.

A realidade é que, à medida que avançamos em idade, vamos naturalmente envelhecendo. Assim, o termo "terceira idade", em nossas colocações, será usado para acolher, de forma global, os diferentes pontos de vista.

Envolvidos nas nossas atividades diárias, sejam quais forem, nos esquecemos de que o tempo vai passando para todos. Assim como, muitas vezes, não entendemos as limitações, as dificuldades e a lentidão dos que já estão com idade mais avançada, também não entendemos e não queremos observar o que está acontecendo com nosso próprio corpo e com nossa mente. Deixamos de nos cuidar, de nos observar e de nos respeitar por estarmos envolvidos na maior parte do tempo em atividades na Internet, nas redes sociais, na televisão, absorvendo um imenso número de informações que nos conduzem a um viver ilusório.

A memória começa a falhar, o corpo fica cansado, e o emocional se sobrecarrega pela falta de cuidados adequados, tais como atividade física regular e alimentação saudável. Então, somos apresentados às chamadas doenças da atualidade, como, por exemplo, o estresse, o déficit de atenção, a depressão, dores no corpo, entre outras. Diante disso, como podemos querer cobrar de nossos idosos atitudes proativas em relação à sua saúde e até à sua vida social se nós mesmos não agimos nem vivemos com consciência e responsabilidade pessoal?

Neste momento, vale parar um pouco e repensar nossa vida. Refletir como estamos agindo, o que realmente é importante e saudável para nós. Refletir como estamos tratando nossos idosos e o que estamos cobrando deles, como estão nossa consideração e nossa paciência para com as suas limitações naturais da idade. Analisar como estamos vivendo hoje. A partir disso, devemos refletir como queremos ou pensamos viver nossa velhice.

Existe uma lei básica da vida que nos mostra que tudo o que se planta hoje vai refletir no futuro. Hoje, podemos buscar uma vida mais consciente, mais saudável, podemos mudar nossa trajetória para alcançar um futuro melhor e mais positivo. Podemos buscar um caminho de equilíbrio, de saúde física, mental e espiritual. Somente nós somos responsáveis pela nossa vida e o rumo que estamos dando a ela.

Para reflexão, deixo duas frases de Chico Xavier:

"Deus nos concede, a cada dia, uma página de vida nova no livro do tempo. Aquilo que colocarmos nela corre por nossa conta."

"Você não pode voltar atrás e fazer um novo começo, mas você pode começar agora e fazer um novo fim."

3
Respeitando o idoso, honrando a vida

Pensando sobre o respeito, chama a atenção o tanto de desconsideração que se observa na sociedade em geral em relação às pessoas com mais idade, assim como quanto ao exercício de suas atividades rotineiras de interação na coletividade em que circula.

Aquele que está idoso reflete a bagagem que carrega consigo da sua criação, das suas crenças, das suas vivências familiares e de diferentes experiências que teve no decorrer da vida. O respeito começa pelo olhar de consideração às diferenças individuais, não colocando rótulos relacionados à idade, nem generalizando ações do seu modo de viver.

Para cada ser, o avanço da idade se manifesta de forma diversa, como, por exemplo, uma mesma doença diagnosticada vai se mostrar diferente de acordo com o tipo de vida que a pessoa levou. Alguns idosos terão mais capacidade e força física do que outros, com maior ou menor facilidade de realizar exercícios físicos, outros serão mais saudáveis, e o grau de dificuldades relacionado com as perdas naturais do passar do tempo também será diferenciado.

Assim, ter a consideração pela história individual de um idoso que foi sendo construída ao longo dos anos é honrar a sua existência, é praticar o amor, é validar a sua vida, aceitando-a como se apresenta no momento, sem julgamentos, sem preconceitos. O respeito é a base para as relações interpessoais, sem conflitos e em qualquer ambiente. Se ele não estiver presente, teremos a desarmonia, magoaremos pessoas, indiferente qual seja a sua idade. Na maioria das vezes, nos esquecemos de que estamos passando por experiências para que possamos despertar nosso olhar para a máxima do Mestre dos Mestres, Jesus Cristo: "Nunca faça para os outros o que você não gostaria que fizessem para você".

É necessário começar a treinar e aprender a nos respeitar, vivendo cada momento de forma consciente, aprender a nos ouvir, a perceber nossas emoções, entender o que estamos sentindo e ir nos aceitando. A partir disso, iniciar a aceitação do outro, as suas escolhas para, dessa maneira, nos relacionarmos melhor em família, convivendo socialmente com respeito aos diferentes viveres, aos diferentes pensares, a outras verdades que, muitas vezes, não entendemos e com as quais nos deparamos diariamente.

Então, é preciso considerar o momento presente, reconhecer e respeitar a todos pelo seu passado, suas aprendizagens, seu legado, para que no futuro possamos também ser respeitados. Se faz necessário ter a consciência de que respeito e consideração fazem parte dos valores que devem ser ensinados desde criança.

É preciso refletir sobre como nossos idosos vêm sendo tratados ao longo dos tempos. Seu legado e toda sua sabedoria adquirida nas inúmeras experiências vividas são hoje valorizados? Como será o futuro? Será que estamos perdendo a oportunidade de usufruir desse privilégio de convivência salutar e motivadora de mudanças?

Lembrem-se de que amar é também honrar e respeitar.

4
Será o idoso motivador de mudanças?

"Eu mudei minha vida por causa dele." Essa frase ficou martelando nos meus pensamentos. Foi ouvida dentro de um ambiente geriátrico, onde a vulnerabilidade se encontra tanto naquele que ali está recebendo cuidados, o idoso, como nos seus familiares. Iniciei, então, algumas reflexões que compartilho aqui, por meio de muitos questionamentos.

Até que ponto é salutar mudar toda uma vida em função de outra vida, mesmo que seja um ente querido? Será que quem está fazendo isso está fazendo por si mesmo ou pelo idoso ou, por que não incluir aqui, pelos outros (familiares ou amigos)? A influência "dos outros", da opinião deles, é muito forte e determinante. Tomar decisões de grandes mudanças de vida não é fácil e, na maioria das vezes, é realizada no calor de fortes emoções, sem que os sentimentos estejam em equilíbrio para uma correta ponderação.

Será que uma certa vaidade não se apresenta escondida por trás desse gesto, em que figurar nas mídias sociais como uma pessoa abnegada, que se dedica totalmente ao idoso, acaba sendo gerador de muitas curtidas e compartilhamentos que reforçam a sua tomada de decisão? Ou se apresenta sob a máscara de ser aquele familiar coitado, que renuncia à sua vida social?

Talvez, quem sabe, pelo fato de que no seu núcleo familiar sempre foi assim, então surge a crença arraigada de que o correto é deixar a própria vida de lado e se dedicar ao idoso? Vale lembrar a questão do papel cultural feminino como definidor na resolução dessas questões.

Devemos nos perguntar: será que existe o certo ou o errado? Não é a minha verdade diferente da sua verdade? Não são os pensamentos e sentimentos diferentes, simplesmente, por serem as pessoas diferentes, oriundas de outras culturas, de outras vivências, de outra criação familiar milenar? Será que a influência de credo religioso também não está interferindo nas suas decisões?

Muitas outras questões poderiam ser aqui colocadas, mas penso que é sempre bom refletir um pouco antes de formar juízo sobre as atitudes das pessoas perante grandes decisões em momentos delicados de suas vidas. Assim, não se deve julgar as suas ações com muita rapidez e com muita facilidade sem procurar antes saber o que realmente está acontecendo naquele núcleo familiar. Por vezes, é necessário mesmo mudar a trajetória de vida, mesmo que temporariamente, para poder entender e ter a experiência necessária para a gestão de um futuro com mais equilíbrio e felicidade.

É importante cuidar para não culpar o idoso pelas mudanças realizadas, pois ele pode ser o motivador, mas não o culpado. É nesse momento que aquele que está tomando decisões se torna protagonista e responsável por mudar a história da sua própria vida e a de quem ama. A decisão é dele, e não é para ser motivo de reclamação ou geradora de processo degenerativo de sua saúde física, mental ou emocional. Dentro desse contexto, é importante a procura por auxílio profissional terapêutico, tanto para iniciar como para acompanhar as etapas que acontecerão nessa nova trajetória.

Lembre-se: "Somos a pena na mão do exímio escritor, portanto, temos que ter cuidado com o tema da história que estamos escrevendo. Quando a nossa alma dita o tema, a história encontra o seu rumo" (Izabel Cristina Heberle).

5
O desafio de uma separação

Durante a nossa caminhada, acontece um momento inevitável que é o do afastamento de alguém que nos é muito querido. Seja por qual motivo for, por viagem, por mudança, como de local de residência, separação de um relacionamento, de uma convivência com um pai, mãe, filhos, irmãos, amigos.

A dor, nesses momentos, se faz presente, nos machuca o coração, nos torna vulneráveis, por vezes até irritados e impacientes com quem nos cerca. Ela é real, está ali, doendo na alma e até no físico. No entanto, se questionada, se analisada, ela é atenuada. Por que dói tanto em mim e não vejo que seja igual no outro? O que não estou conseguindo enxergar nessa situação? Será que estou sendo egoísta por querer aquele ente amado sempre presente na minha volta? Será que o grau de importância que estou dando para a situação é o mesmo que o outro dá? Onde está o amor nesse contexto, amor por mim e pelo outro, com respeito aos sentimentos? É amor ou é apego, ou é controle? O que posso aprender com essa experiência que estou passando? Então, por que não encarar a situação de frente, olhar para todos os lados envolvidos e buscar dentro de mim a harmonia, o discernimento, a ponderação? E por que não procurar ajuda para superar essa fase?

Essas reflexões podem nos ajudar a superar momentos difíceis que nos levam a um processo de tristeza, de isolamento e que até venham a ocasionar um quadro depressivo. Nem sempre a vida é poesia. Nem sempre na vida tem só música suave e agradável. Nem sempre o vento sopra calmo. Nem sempre encontramos o mar tranquilo, mas a força gerada pelo mar bravo, pelo vento forte ou por uma música cadenciada pela falta de rima é que nos impulsiona à ação. E tudo o que é necessário é agir, começar, caminhar, dar os primeiros passos. Depois, a nossa força interior e a força do Universo nos conduzem para o rumo certo. Certo? Talvez sim, talvez não, mas nos conduz para o que tem que ser, para o que temos possibilidade de fazer e escolher naquele momento para dar seguimento na nossa jornada.

Todos temos dentro de nós capacidade e força para superar os obstáculos que surgem em alguns momentos na nossa vida. Muitos consideram a chegada da velhice como um estorvo, como uma tragédia que se instala sem volta. Se esse estorvo vem acompanhado de alguma doença, então aí mesmo que o mundo desaba. Outros se deparam com a mesma sensação no envolvimento com um nascimento não desejado ou com problemas de saúde. Mais uma vez, estamos diante do nosso olhar, de como vamos encarar o que estamos vivendo, e é isso que vai determinar como será o trajeto percorrido nessa etapa da vida até a chegada de uma separação.

De momentos compartilhados, de vivências boas ou difíceis, posso escolher construir uma lição, estruturar um pensamento e gerar novas aprendizagens, viver um cotidiano com mais consciência, harmonia e alegria. Compartilho uma parte da mensagem de Aurora, recebida em 16 de julho de 2018, no Núcleo de Estudos Estrela do Oriente, canalizada por Izabel Cristina:

"Tenha certeza de que toda escolha, ela não é definitiva, mas ela é a escolha para o momento. Se não foi boa, há possibilidade, sempre há uma oportunidade de fazer novas escolhas. As escolhas vêm de dentro, e, assim, antes de tomar as decisões, a decisão não deve vir do seu mental, o seu mental é aquele que cria estratégia, das mil e uma possibilidades ilusórias, imaginárias. A verdadeira escolha é aquela que vem de dentro do seu coração, o coração é o termômetro, você sente aí que tudo vai bem, e por mais que se contrarie mentalmente, logicamente, a decisão, confie no seu coração, pois é nele, é nele que nós temos a capacidade de criação, a capacidade de amar desinteressadamente e de criar condições e espaços propícios para que tudo cresça e se expanda no Universo."

6
Finitude

Fazendo parte da vida de um idoso, deparamo-nos com muitas dúvidas que despertam a oportunidade para novas aprendizagens. Muitas vezes, achamos que entendemos o que eles estão vivendo e, em alguns momentos, até perdemos a paciência com eles, por falta de um real entendimento.

Então, na procura desse entendimento, estruturando pensamentos e buscando aprendizagens, recebemos para nossa reflexão a narração de um momento dentro da jornada de alguém que já passou por este planeta. Ele compartilhou alguns sentimentos e algumas lições da sua caminhada em um passado não muito distante:

"A finitude da vida vai nos colocando frente à nossa verdadeira personalidade. Vai nos colocando frente às nossas limitações. De repente, eu fazia tudo, fazia quando eu queria, e passei a não conseguir mais fazer as mais simples tarefas sozinho.

Primeiro, fiquei revoltado, depois, brabo, depois fiquei muito triste, e por fim tive que me resignar. Tive que aceitar minha triste condição limitada e de ser dependente para tudo, para todas as tarefas. Então, nesse momento foi que comecei a entender melhor a vida. Por que voltarmos na Terra. Por que passar por tantas coisas durante uma vida.

Mas é assim mesmo, é assim que evoluímos, e ainda é assim que aprendemos a ser pessoas melhores, a sair do nosso egoísmo. É assim que, finalmente, nos libertamos das amarras que nos prendem, nos engessam e nos bitolam, deixando-nos cegos para o verdadeiro sentido da vida.

Ficar velho e doente é muito triste e pesado. É muito difícil raciocinar com clareza, sentir com clareza. Tudo é muito pesado, dói muito, dá vontade de se encolher e sumir. Mas a vida não deixa, e aí você encara tudo e diz: vamos lá, vamos enfrentar.

E o tempo vai passando, passando, e quando você vê: bum, tudo terminou e você acorda para a verdadeira vida, para a verdadeira realidade. E isso é papo para outro dia".

Chega um momento na nossa vida em que nos deparamos com a finitude da nossa existência. Perdas e separações provisórias ou definitivas são inevitáveis e ambas têm o mesmo impacto sobre nós. Fica sempre presente o questionamento de como vamos nos preparar para enfrentar esses momentos. Nossa vida é passageira, mas nosso legado e nossa marca são eternos. O que estamos plantando na nossa jornada? O quanto de nós estamos compartilhando? E o que estamos compartilhando? Estamos buscando nos melhorar, despertar novos valores, buscando mais conhecimento e nos abrindo para outros pontos de vista?

A dor de uma separação só poderá ser minimizada e encontrar conforto na consciência de quem fez a sua parte com cuidado e amor, com zelo e respeito. Se fizermos sempre o melhor em todos os nossos relacionamentos, sem esperar que venha o tempo ideal ou o dia certo, com certeza, aceitaremos com mais naturalidade a conclusão de uma existência em um corpo físico, pois nossa verdadeira essência e o amor são perenes. E nós concluiremos nossa jornada em paz com nossa essência.

7
Olhar zeloso

Buscando na memória dos tempos, viajando com o pensamento até o meio de uma grande mata, encontramos uma roda formada por crianças, jovens, adultos e anciões, todos sentados na volta de uma grande fogueira, saboreando o privilégio de aprender com a sabedoria dos mais velhos. A curiosidade e o respeito estão ali presentes pulsando com o batimento dos corações acelerados. Na sua volta, a natureza exuberante, envolvida na pureza do ar e na convivência respeitosa com o mundo animal. Tudo está contribuindo para que o que for ensinado fique gravado em suas mentes e coração para ser repassado às gerações que virão.

A história dos tempos é transmitida em volta do crepitar da lenha, e a luz do fogo faz brilhar os olhos dos jovens com os ensinamentos recebidos. Todo jovem sabia que um dia seria um ancião, então ele respeitava e honrava para que um dia ele também fosse respeitado e honrado. Assim são os ciclos da vida, que se repetem e se entrelaçam com a natureza, com as estrelas, com os planetas, com o sol e com os seres humanos.

Se observarmos o sol, verificamos que ele é um ancião e é um ente vivo que nasceu para brilhar, nasceu para gerar e sustentar a vida neste planeta. E que maravilha, independentemente da sua idade, ele continua compartilhando o seu melhor, brilhando e gerando boas energias. Muitas estrelas, cujo brilho nos encanta com sua beleza e esplendor, são grandes anciãs. E as árvores milenares que habitam nosso planeta? Quanta sabedoria, quanta força, quantos benefícios trazendo para toda a terra e os seres que aqui habitam?

Voltando para nossos dias, de que maneira estamos olhando para nossos idosos? Procuramos enxergar as suas reais necessidades? Lembramo-nos de que aparência física ou limitações não representam a verdadeira essência de quem tem muito a compartilhar? Paramos nossas rotinas para ouvir e conviver com quem está mais velho? Observamos e compreendemos as lágrimas de solidão ou de abandono?

Valorizar as histórias é receber um legado de vida, é perpetuar a base para que as novas gerações possam ter existências com mais sintonia e interação sem desprezar os seres e toda natureza.

8
Olhar amoroso

Se você olha com zelo e cuidado para o idoso que está próximo, lembre-se de que olhar com amor é fundamental. O olhar amoroso não apenas vai ajudar você a entender melhor o que está acontecendo na vida dele, mas vai fazer com que ele se sinta amparado, compreendido e amado.

Um dia você foi um recém-nascido, dependente de cuidados de outras pessoas para que pudesse sobreviver. Alguém o ajudou a se vestir e mais tarde ensinou você a se vestir sozinho. Alguém o ajudou a comer, depois o ensinou a comer sozinho. Alguém o ajudou a dar os primeiros passos, o amparou e incentivou a seguir caminhando sozinho. Cuidaram de você quando estava doente e compartilharam a alegria pela sua saúde. Nessa caminhada de erros e acertos, sujeiras, comidas derramadas, roupa vestida errada, tombos, em toda essa trajetória você foi amparado.

E agora? Quando se depara com alguém querido que está passando pela mesma situação, mas em um ciclo diferente da vida, com limitações naturais da idade mais avançada, como você reage? Olhe com amor para aquele que um dia o amparou e agora precisa ser amparado, assim como aconteceu com você no início da sua jornada. Lembre-se de que, por mais desavenças que possam existir, você está diante de um ser humano mais fragilizado e que, um dia, você também vai estar na condição de idoso.

Assim são os ciclos da vida, e nós geralmente nos esquecemos de que um dia também precisaremos de ajuda para atividades básicas e simples. Um dia precisaremos de cuidados especiais, de amparo, de paciência com nossas dificuldades e limitações, assim como precisamos de tudo isso quando nascemos e fomos nos desenvolvendo.

9
Treinando a paciência
(Reflexão de alguém com 60 anos cuidando de alguém com 87 anos)

Vivemos de maneira agitada, quase sempre correndo, apressados, realizando muitas atividades ao mesmo tempo e não paramos para prestar atenção no que está acontecendo com aqueles que estão próximos a nós. E quando convivemos com um idoso, envolvidos com nossas vidas, acabamos julgando de maneira equivocada, com preconceito, as suas atitudes, sem nos darmos conta de que são dificuldades que eles estão enfrentando e que acabam determinando o modo de eles agirem nas suas rotinas.

Muitas vezes, o que pensamos ser teimosias são apenas limitações oriundas das perdas naturais do processo de envelhecimento. Chegamos mesmo a pensar que, para nos provocar, demoram para se vestir ou para comer, por exemplo. A lentidão para realizar atividades rotineiras, não raro, para nós é incompreensível. Deslocamo-nos, nos vestimos e fazemos tudo com agilidade, rapidamente, sem pensar, de forma automática e instantânea.

É difícil lidar com essas situações, e não nos damos conta de que o processamento do cérebro de um idoso não é mais o mesmo, pois aumenta a demora para o comando de realização ser dado, e o corpo, já com desgastes naturais do tempo, também demora para corresponder. A capacidade de resposta para as atividades diárias fica comprometida.

A perda gradual da nitidez da visão é mais um entrave que pode provocar a lentidão nos movimentos, que passam a ser realizados com cautela, na procura de maior segurança. Se observamos alguma dificuldade para o idoso sentar-se, imagina então para se levantar. A força muscular que é necessária para esses movimentos adquire uma dimensão maior, ocasionando um esforço que acaba tornando os movimentos mais vagarosos. Nesse processo todo, aquele que o está acompanhando vai treinando a paciência.

Olhando para o idoso com compreensão dessa nova realidade de estar com suas capacidades físicas e sensoriais diminuídas nessa fase da vida, com um olhar amoroso e zeloso, vamos forjar a paciência fundamental e necessária para um saudável relacionamento.

É preciso procurar entender melhor e buscar conhecimento. Como diz o Mestre Argon: "O aprendizado é contínuo, não há data para o término, mas sempre há data para o início. Sois aprendizes constantes de um Universo rico em sabedoria e rico em prover oportunidades para o vosso crescimento e a vossa melhoria contínua".

Podemos, portanto, transformar este momento de se estar na terceira idade em uma oportunidade enriquecedora de novos aprendizados. Esses novos ensinamentos podem ser adquiridos por meio de profissionais da área médica, de grupos experientes, de familiares e amigos, em uma troca de experiências e ideias, que serão geradoras de maior compreensão, fortalecendo-nos para ter uma convivência mais harmônica junto ao idoso.

10
Refletindo sobre a depressão em idosos

O nosso maior desafio é o de aprender a cuidar de nós mesmos com responsabilidade e respeito para poder entender o momento que o outro está passando.

"Busquem a força dentro de si, percebam que o medo é uma ilusão, olhem sempre de novo para a mesma situação, para aprender a distinguir os fios invisíveis que nela estão presos ou sendo tecidos." Esta é uma frase da mensagem do Cacique Amarapuá recebida no Núcleo de Estudos Estrela do Oriente (NELO).

Quando conseguimos estar harmonizados e fortalecidos em uma base de sustentação espiritual e de conhecimentos oriundos de estudos e apoio, teremos condições de enxergar uma alteração no comportamento de um idoso. O respeito torna-se o apoio da convivência. Por uma série de fatores, a depressão está sendo considerada pela Organização Mundial da Saúde (OMS) a segunda causa de incapacidade no mundo, sendo o transtorno psiquiátrico de maior incidência em idosos.

Com a chegada da idade mais avançada, é de ordem natural haver menos tomadas de decisões, surgem as perdas de funções e capacidades, alterações endócrinas, algumas neurológicas e até podem surgir doenças físicas. Muitos idosos sem uma rede de apoio, por vezes até de familiares, acabam se sentindo incompreendidos, ficam abatidos e tristes por não saberem lidar com as mudanças que estão acontecendo.

Nesses momentos, nosso olhar deve ser criterioso para buscar a direção correta de qual a maneira de ajudar. A falta de vontade de viver de quem está com depressão causa um impacto em todo âmbito familiar. Então, somos colocados diante de toda nossa fragilidade e do medo do desconhecido. Cabe a nós não desprezar esse momento difícil, mas de muitos ensinamentos.

Algumas vezes, quem está convivendo com um idoso deprimido não consegue entender por que ele não quer cooperar. Muitas dores do passado que ainda não foram superadas ressurgem à tona como um mar agitado que deposita na beira da praia os entulhos guardados no seu fundo.

São os fios invisíveis que surgem para que se coloque em prática o respeito ao mais idoso e sua história. O amor torna-se a base da interação, faz surgir a cumplicidade para se sintonizar com quem está fragilizado. Nosso caminho é como o de um rio, ele nunca passa pelo mesmo lugar, está sempre se movimentando, seguindo em frente mesmo sem saber qual é o seu destino. Se navegarmos junto com aqueles que amamos, estaremos realizando o propósito de sermos, acima de tudo, irmãos, participando, apoiando e nos juntando para navegar no rio de uma vida.

11
O lado invisível da depressão

Muitas reflexões surgem ao ponderar sobre o porquê demorarmos para perceber quando a depressão está presente e sobre a demora para se diagnosticar.

Ao pensarmos sobre o que está invisível numa situação de depressão em qualquer idade, verificamos que está no achar que por ser criança é o jeito dela mesmo, sempre foi assim, logo passa, e a criança também não sabe explicar os seus sentimentos adequadamente. Quando é em um jovem, isso é coisa de adolescente, bobagem, já vai passar. Quando em idosos, isso é coisa de velho e não se deve dar atenção.

Esse pensamento pouco reflexivo pode ser o resultado de uma vida corrida, atribulada, sem tempo para nos olharmos, nos encontrarmos, compartilharmos nossos pensamentos, medos, nossas emoções e dúvidas. Pode ser também o resultado de preconceitos, de crenças arraigadas que vão passando de geração para geração. Podemos atribuir ao avanço tecnológico que nos envolve, nos prende em uma teia de ilusões e que não nos permite enxergar a verdadeira realidade ao nosso redor. E pode ser que seja tudo isso junto.

Assim, envolvidos, não temos mais tempo para nossa família, para nossa vida, muito menos para o que seria o principal, que é olhar para nós. Acabamos nos tornando invisíveis até mesmo para nós, não nos respeitamos, negligenciamos nosso corpo que sustenta a nossa caminhada nos nossos diferentes ciclos. Não nos olhando com atenção, cuidado e amor, não nos preparamos para vivenciar o passar do tempo com saúde física, psíquica e emocional e, por sua vez, nossos relacionamentos acabam sendo superficiais.

Ao analisar o que está oculto em situações de depressão em um idoso, me deparo com a confusão, com a distorção, com a troca de achar que tudo o que está acontecendo é só por ser parte de um processo de demência. Dou-me conta de quanto tornamos um idoso invisível para nós, por ser mais fácil deixar de lado as dificuldades que se manifestam, não enxergando o que está acontecendo, pois encarar alguns fatos implica assumir responsabilidades.

Quando observamos que nossos idosos estão se desequilibrando muito fácil, com dificuldade para caminhar, que não estão se alimentando corretamente, emagrecendo muito ou engordando muito, que os remédios começam a ser trocados ou não tomados, não querendo mais sair de casa ou interagir com a família, precisamos ficar atentos. Nesse momento, muitos familiares ou filhos dizem que não adianta falar ou querer colocar alguém para ajudar, a teimosia do idoso não permite auxílio, e assim vão deixando passar o tempo, mas o que vemos é que as coisas não se ajeitam, pois depende do familiar a tomada de decisões, e as decisões são difíceis. Assim como quando decidimos em algum momento de nossa vida ter um filho, o que requer mudança de rotina, temos que decidir sobre vidas de quem está em um processo de envelhecimento com sinais de dificuldades, de depressão. Esse momento representa a mesma mudança de vida que é a de assumir responsabilidades e cuidar de outro ser que necessita de nós.

Estar atento aos sinais que estão se apresentando na rotina de um idoso vai proporcionar encaminhamento adequado para que não só a depressão como qualquer outra doença seja adequadamente tratada. A busca por uma vida mais equilibrada e com qualidade passa por uma mudança de olhar, de posturas, passa por um despertar de consciência de todo um viver mais atento, com mais amor, mais respeito e consideração pela vida do outro, independentemente de sua idade, religião, identidade, opinião. Deixo aqui uma reflexão que é parte de uma mensagem de Pai Benedito de Aruanda:

"Sim, filhos do meu coração, a grande chave está nas suas escolhas de hoje. Escolham a consciência, pois não necessitam ser dirigidos e nem dirigir a outros. Basta aprenderem a focar em seu próprio caminho sem descuidar do que necessitam; única e exclusivamente, vocês são os responsáveis pelo seu agora e pelo que virá. Então, que seja o que virá cheio de muitas conquistas para seus espíritos, por meio da busca pelo conhecimento, pois assim serão vitoriosos em suas escolhas, e seus caminhos terão pedras, mas também terão abundância de flores para colorir e embelezar as suas jornadas."

12
Despertando para a vida, afastando a depressão

Sob o ponto de vista espírita, segundo Salvador Gentile no seu livro *Depressão, cura-te a ti mesmo*, a grande maioria dos deprimidos tem maior sensibilidade mediúnica. O autor ressalta a importância de o indivíduo ter consciência de sua sintonia com pensamentos negativos por influência espiritual. É preciso ter consciência do que está sentindo e do que pode fazer para dominar esses pensamentos depressivos. Adverte que tal situação pode ser combatida com a vontade em querer melhorar e a escolha em sintonizar com a saúde e com a alegria. Ressalto que a sintonização com nosso Anjo Guardião é uma poderosa ferramenta para nos colocar em faixas vibracionais superiores, cuidando sempre o orar e vigiar.

Esse enfoque espírita também deve ser considerado, lembrando que somos seres multidimensionais, em um processo de despertar da nossa consciência, acordando para a vida, sem nos esquecer de levar em conta a importância de uma avaliação médica.

Devemos despertar nosso olhar para o dia de hoje, para o agora, largando nossos pensamentos sobre o que passou e o que nos traz mal-estar, liberando as criações mentais sobre um futuro que nem sabemos se irá acontecer. Trazendo nossos pensamentos para o presente, encontramos momentos de paz, harmonia e alegria. Observando atentamente, estamos cercados de recursos para nos ajudar e que podem nos proporcionar uma vida mais saudável, mais equilibrada e com qualidade. Desfrute de momentos na sintonia de uma boa música, faça uma caminhada ou exercícios na natureza e na companhia de outras pessoas, procure orientação para uma alimentação saudável e de acordo com as necessidades, medite, olhe para si, para suas atitudes e pensamentos, busque o autoconhecimento.

Os pensamentos de rancor e de tristeza nos fazem adoecer mental, emocional e fisicamente. São nossos pensamentos que irão nos conectar em uma faixa vibracional de harmonia ou de desarmonia, de bem-estar e de saúde integral ou de falta de saúde. Hábitos arraigados, como ficar muito tempo olhando televisão, noticiários, sempre conectados na Internet ou verificando toda hora o celular, são perniciosos para nossa mente, para nossa saúde, afastando-nos da consciência do momento presente, de nossos familiares e de nossos relacionamentos. Essas situações também devem ser consideradas em um quadro de depressão.

Quantos de nós nos acomodamos com a chegada da velhice, ficando isolados, envolvidos nessa malha de ilusão das mídias sociais, atingidos pela negatividade que nos cerca, e acabamos envolvidos por uma realidade que leva à perda de se viver com saúde e de forma positiva essa fase da vida. É realmente importante nos conscientizarmos de sempre utilizar os recursos que estão à nossa disposição e não deixar de buscar ajuda.

"Que o despertar traga a cada um uma nova visão interna muito particular onde não se olhe a sombra do outro, e sim que cada um busque conhecer as suas próprias sombras, pois, sendo assim, não sobrará tempo para críticas, desconfianças e depressões" (*Mestre Argon* – Núcleo de Estudos Estrela do Oriente).

13
Mudanças que chegam com o envelhecimento

Chega um momento nas nossas vidas que percebemos que em nosso corpo se inicia um processo de mudanças. Com o passar do tempo, com a idade avançando, o corpo apresenta diversos sinais diferentes, que se manifestam como perdas. Alguns ficam mais evidentes, tais como a perda de equilíbrio. Perde-se massa muscular e força também. Diminui a frequência cardíaca, e a capacidade pulmonar não é mais a mesma. Então, outra descoberta acontece, a altura também mudou, passou a ser outra e mais baixa.

Essas mudanças, quando aparecem, devem servir de alerta para a importância de olharmos com mais cuidado e atenção para nós ou para algum familiar idoso. Todos nós também envelhecemos e podemos (e devemos!) buscar formas de ter uma vida mais saudável e equilibrada. Optar por uma melhor qualidade de vida é compreender que, independentemente de idade, somos corpo, mente e seres espirituais.

Como nada é estático, tudo é sempre mudança, podemos encontrar maneiras simples de como passar melhor por uma nova etapa, um novo momento na trajetória da vida. Em meio à natureza, temos a oportunidade de experienciar momentos de saúde integral. Existem possibilidades, saudáveis e positivas, que geram ânimo e sentido para a vida de quem está no período da terceira idade e para todas as idades.

Algumas dessas mudanças que ocorrem nessa etapa da vida criam limitações que podem comprometer a saúde mental, ou a física, ou a emocional. Tudo isso faz parte do processo natural do passar do tempo e conseguimos enfrentar essas novas transformações na medida em que vão acontecendo, mantendo a calma, auxiliando a quem amamos por meio de diferentes alternativas que podem ser adaptadas a cada situação. Não é fácil andar em um universo que não conhecemos, mas é possível, sim, passarmos por tudo e nos tornarmos mais fortes, mais conscientes e benevolentes.

Procure sempre festejar cada ocasião dessa convivência com atitudes positivas, transformando as rotinas, por vezes pesadas, em bons e agradáveis momentos, fazendo brincadeiras, colocando música, cantando junto, se permitindo estar feliz. Incentive passeios, pois, na natureza, temos a oportunidade de experienciar momentos de saúde integral. Se possível, realize viagens, atividades físicas e lúdicas, permita-se realizar alguns jogos com o idoso, pois pode ser bem divertido. Incentive o hábito da leitura, o prazer de cuidar de um jardim ou mesmo um pequeno vaso com plantas ou flores dentro de casa.

Que tal pensar em um animal de estimação para participar desse ciclo? As mudanças que acontecem com o idoso a partir dessa convivência são incríveis, o afeto é estimulado, o altruísmo é despertado novamente, a alegria surge e auxilia até em processos de depressão.

Assim, simplesmente assim, enfrente as mudanças: caminhar, mudar, aprender, aceitar, renovar e se permitir ser feliz, mesmo com limitações da idade.

14
Um animal de estimação e um idoso: a melhor parceria

Quanta alegria recebemos quando estamos desfrutando da companhia de um cão. Sorrimos, brincamos, cuidamos, nos preocupamos, amamos e somos amados, sem cobranças, sem exigências. Ensinamentos é que não faltam nos momentos em que estamos participando da convivência dessa turma canina, e é indiferente qual seja a sua raça e se tem ou não *pedigree*. Na realidade, o seu animal preferido, seja qual for, é que proporciona esses benefícios.

Quando possibilitamos ao idoso o convívio com um animal de estimação, seja um cão, um gato ou outro que aprecia, estamos proporcionando o início de uma bela amizade. Essa amizade vai transformar não só a vida desse idoso como também daqueles que fazem parte de seu círculo familiar ou de interação diária.

Idosos que estão apáticos ou com depressão são conquistados pela alegria, pelo amor, pela presença fiel e a atenção que recebem do seu *pet*. Aos poucos, vão saindo de sua apatia e vão interagindo. No início dessa convivência, começam conversando timidamente, e aos poucos, sorrisos vão surgindo nos rostos tristonhos ou fechados. Até a rigidez afetiva é quebrada. O sentimento de solidão, muito comum no idoso, é preenchido e modificado no contato com esse mundo dos *pets*.

É claro e importante que se deve ter cuidados e controles específicos para que essa relação do animal e do idoso seja segura e saudável. Precisamos observar cuidados com a higiene e um treinamento mínimo de obediência. Cuidar a questão da pele do idoso, pelo fato de ela ser naturalmente mais sensível e, sobretudo, se houver uso de medicação anticoagulante, por exemplo. Deve-se atentamente controlar a questão da segurança do idoso, para que não ocorram quedas advindas da lida com seu *pet*, principalmente com um cão, que geralmente é mais ativo.

Atualmente, vemos grupos especializados, profissionais qualificados que levam cães devidamente cuidados e treinados para momentos de convivência com os idosos em lares geriátricos ou até em hospitais. É comprovada a função terapêutica que tem um animal de estimação, sendo importante sua presença para todas as idades.

O idoso tem em um animal de estimação um amigo com quem conversar e trocar afeto. Um amigo que faz com que ele pare de pensar só em si, nas suas dores, nas suas tristezas, nas suas perdas, para se preocupar com traquinagens, alimentação, se o seu animal preferido está se alimentando e se ele está bem de saúde. Independentemente de o idoso ser ativo ou não, de ele estar doente ou estar cheio de saúde e vigor, ter contato com um *pet* renova o ânimo e gera vontade de viver.

Essa parceria com o um animal de estimação é positiva, pois desperta o melhor e, além de despertar o amor e a alegria, tira o idoso da sua acomodação, dá um novo sentido para seus dias.

15
Festejando os momentos na velhice

Nossa trajetória de vida é feita de momentos, onde vamos compondo a nossa história pessoal. Aprender a valorizar os momentos compartilhados com nossos queridos que estão idosos é o melhor que podemos fazer. É o melhor para eles e para nós.

Festejar a vida, os encontros e as conversas é o mais perfeito presente que trocamos e que, ao mesmo tempo, nos damos. Devemos fazer de cada data festiva um momento de alegria, de sorrisos, de afeto trocado. Plantamos no nosso dia a dia os verdadeiros valores que levaremos para sempre conosco em alegres lembranças.

Um aniversário deve ser um acontecimento especial, com muitos balões, cantando parabéns, batendo palmas, trocando abraços. Afinal, o envelhecimento faz parte da nossa vida e é para ser apreciado, compartilhado, vivido com intensidade e alegria. Devemos enfeitar a casa, abrir as janelas para o Sol entrar e iluminar todo o ambiente e também os nossos corações.

Bem, alguém vai perguntar: e se o idoso está doente? Se o idoso está acamado? Vou responder: e o que é que tem? Enfeite o quarto, prenda corações nas paredes, coloque um vaso com flores, coloque música, cante junto, e se ele não puder cantar, cante para ele. Mesmo onde existe a dor podemos segurar a mão, podemos abraçar, conversar, lembrar dos bons momentos do passado, enfim, amar e sorrir ainda que estejamos chorando.

Lembre-se de que a vida é feita de momentos, pequenos momentos que podem se tornar grandes e muito importantes para todos que estão ali compartilhando. E quem faz essas ocasiões acontecerem? Cada um de nós, com o que temos de melhor dentro de nossos corações. A nossa intenção, o nosso sentimento e a nossa atitude podem transformar momentos de tristeza em alegria, de dor em conforto, de raiva em amor. Uma prece, um segurar de mãos, um beijo carinhoso, um abraço ou um simples toque podem mudar uma vida, podem mudar o modo de um idoso encarar seu processo de envelhecimento.

Vamos aproveitar a época de Natal para enfeitar e colorir nossa vida, nossa casa, exercitar o afeto, a paciência, buscar novas maneiras para alegrar o ambiente de convívio com diferentes idades. Vamos brincar mais, sorrir mais e, por que não, jogar balão com nossos idosos? Já tive a oportunidade de jogar balão com alguém muito especial, acamado, com Alzheimer, e foi um grande momento, com muitas risadas, alegria e pura afeição. Vidas que foram transformadas e enriquecidas por pequenos/grandes momentos que marcaram e ficaram eternizados.

16
Viajando, passeando, saindo da rotina

Entrar para a terceira idade não é sinônimo de acomodação ou de limitação para realizar seus sonhos, suas metas, como algumas pessoas pensam. Para minha surpresa, este ainda é o pensamento arraigado que encontramos em muitos núcleos familiares.

Somos seres sociais por natureza. É no convívio social, nas diversas interações que nos reconhecemos, que nos descobrimos. Somos diferentes, pensamos diferente, sentimos e nos expressamos de modo único, e é no encontro com as diferenças que melhoramos, que aprendemos e evoluímos.

O fato de nos afastarmos da rotina e da nossa comodidade para conhecer novos lugares e outras pessoas nos ajuda e descontrai, melhora o humor, tira a rigidez de costumes rotineiros e crenças que vêm de geração em geração nos grupos familiares. Permitir-se sair de rotinas diárias que se tornam hábitos mecânicos e sem sentido, seja com amigos, familiares ou desconhecidos, por dias ou por alguns momentos, já nos torna diferentes.

Afastar-se do local onde residimos, conhecer os arredores, outros ambientes e, de acordo com a nossa realidade, buscar uma viagem mais longa ou até uma visita a um parque nos fazem muito bem. Devemos ter contato com pessoas diferentes, pois isso enriquece nossas vidas, abre nossas mentes, traz boas energias que beneficiam nossa saúde física e mental, além de refletir nos nossos relacionamentos.

Condicionamo-nos a velhos hábitos arraigados, perpetuando atitudes que, por vezes, podem nos levar a ficar ranzinzas, teimosos, afastando as pessoas do nosso convívio, pois nossas conversas acabam girando em torno de nossas vidas limitadas em um casulo com mais problemas do que experiências positivas e diferentes.

Olhando para o novo, para o diferente modo de viver das pessoas, deixando de estar no piloto automático e realizando tarefas mecanicamente, assim poderemos estar realmente presentes de corpo e alma nas nossas vidas e nas vidas de com quem convivemos. Vemos, então, que não existe um modo certo ou errado de se viver, mas, sim, maneiras diferentes, que ampliam nossa visão da vida, tornando-a mais leve e melhor.

Passear, viajar ou mesmo sair por alguns momentos de casa, entrando em contato com novas realidades, novos pontos de vistas, olhar para o outro sem preconceitos e sem medo de interagir é deixar um pouquinho de nós, da nossa essência, da nossa vida. É também receber do outro e nos enriquecer com o que aprendemos com ele, e como diz Chico Xavier: "A felicidade não entra em portas trancadas".

Podemos e devemos buscar nosso bem-estar com alegria, com respeito aos nossos limites físicos, emocionais, econômicos e abrir nossas mentes para viver outras possibilidades que nos tiram do casulo da acomodação. Envelhecer não é se limitar, é se reinventar.

17
A dança do tempo

Nossa existência é pontuada por alegrias e tristezas, ganhos e perdas, vitórias e derrotas. Quando caminhamos rumo à terceira idade, embora o efeito do tempo se faça presente, acrescentamos o crescimento interior e espiritual que contribui para o processo de um envelhecimento cheio de bons momentos.

Ao percorrer as diferentes etapas da caminhada da vida, precisamos honrar nosso corpo desde a mais tenra idade até o momento presente. Se não cuidarmos de nós como seres integrais, como chegaremos na velhice: com saúde e dispostos ou chegaremos debilitados?

O vento quando bate na copa das árvores, acariciando, como se conversando com elas, trazendo notícias de longe, nos deixa uma boa lição. As árvores se curvam e ondulam como quem estivesse bailando, rodopiando, se entregando para aquele momento em que o prazer de estar ali presente supera a preocupação de qualquer desconforto. Assim, de um lado para o outro, o vento vai passando, vai gerando movimento e espalhando vida por intermédio do pólen que espalha.

Se a vida nos coloca esses exemplos ricos em beleza e harmonia a nossa volta, por que não aprender com eles? Aprender a ser como vento e se entregar em sintonia com uma boa música, deixando o corpo ondular, sentindo os benefícios de estar realizando movimentos que tanto vão nos trazer saúde física como trazer alegria.

No instante em que você estiver dançando e sentindo as vibrações da música, aproveite esse momento positivo e deixe seu espírito voar e girar nas asas do vento, compartilhando e espalhando à sua volta um pouco desse bem-estar, da luz e do amor que fazem parte da sua verdadeira essência.

Como diz o Cacique Amarapuá na sua mensagem:

"O espírito é livre, sejam livres vocês também e, assim como a águia, adquiram a sabedoria do tempo, a coragem dos fortes guerreiros, e não haverá ventos ou tempestades que vos parem ou que vos amedrontem."

É na sabedoria do tempo, na força que encontramos na natureza, no compartilhamento da nossa existência, na ação de nos entregarmos a uma jornada buscando a sabedoria dos nossos antepassados que nos tornamos capazes de dançar a dança do tempo com amor e alegria no coração.

18
Estou me aposentando, e agora, o que fazer?

Agora, é usar com sabedoria tudo o que está à disposição para guiar este momento de mudança. A evolução nas mídias sociais permite uma ampla orientação para diferentes pessoas de acordo com suas propostas de vida e necessidades, conforme suas possibilidades físicas e financeiras. Mas a maior proposta, além de ser a de buscar uma qualidade de vida boa, deve ser pautada no desenvolvimento pessoal, na busca de maiores conhecimentos e interações sociais.

A rotina, antes vinculada a um trabalho diário e sistemático, não acontece mais. Para muitas pessoas, logo que param de trabalhar, surge a necessidade de ficarem sem fazer nada, só aproveitando o não ter compromisso. Para outras, a falta da rotina de um trabalho pode trazer uma sensação de menor valor, sentimentos de inferioridade, ocasionando um estado depressivo.

As diversidades de reações são grandes, assim como, nessa ocasião, são muitas e diferentes portas que se abrem para que cada um, de acordo com suas possibilidades, tanto financeiras quanto emocionais ou de saúde, possam realizar mudanças nos seus hábitos.

Sabemos que qualquer mudança não é fácil, nos tira da zona de conforto, nos confronta com nossos pensamentos, sentimentos e emoções. Seja qual for a decisão que será tomada, nunca se está sozinho. Se alguém não tiver família, tem amigos, e, acima de tudo, tem a si mesmo. Sim, quem é mais importante neste e em todos os momentos é a própria pessoa. Está dentro de cada um a resposta para a melhor decisão, seja lá do que for.

Não sabe por onde começar? O que fazer? Que tal pensar em uma viagem, conhecer novos lugares, novas culturas e pessoas? Pense no que gosta de fazer ou em algum sonho que ficou esquecido no tempo. Faça trabalho voluntário, que é uma ótima e enriquecedora oportunidade de desenvolvimento pessoal e autorrealização. Talvez busque aprender algo novo, fazer um curso, algum esporte, por que não?

Devemos realmente aproveitar essa ocasião de maior maturidade e de mudanças de rotinas para cuidar de nós, plantando no presente, no agora, mais saúde física, emocional, espiritual e mental, para que os novos ciclos do avançar da idade sejam positivos, alegres e saudáveis. É importante olharmos para nós com mais amor, ter mais consideração conosco, aceitar como estamos, procurando nos conhecer e buscar o que for necessário e o melhor para nós, usufruindo da estrutura social e de mídia ao nosso alcance.

Viver cada momento com alegria, com gratidão, brindar a vida a cada cafezinho ou chimarrão compartilhado, a cada sorriso ou gentileza trocados. Abrir-se para novos conhecimentos, novas experiências, como dizia o sábio Aristóteles no texto "A revolução da alma":

> "Ninguém é dono da sua felicidade, por isso não entregue a sua alegria, a sua paz, a sua vida nas mãos de ninguém, absolutamente ninguém. A razão de ser de sua vida é você mesmo."

19
Você já pensou em morar na praia?

Morar em uma praia é uma opção, um caminho que se abre para um novo e saudável modo de viver, quem sabe uma oportunidade de construir ou reconstruir ciclos e etapas que se apresentam como parte da natureza humana com o passar dos anos.

A possibilidade de realizar caminhadas, de encontro e interação com outras pessoas, com a natureza peculiar de uma praia, o aroma do mar, o som das ondas, tudo é muito especial e forma um conjunto ideal de fatores que propicia um grande bem-estar. Quando nos banhamos nas águas desse mar tão imenso, profundo, misterioso e fascinante, nos sentimos mais leves, mais plenos de boas e revigorantes energias. Tantos benefícios que renovam, reabilitam, transformam, fazendo com que todos os sentidos se sintonizem e brotem de forma harmônica, trazendo valorização e respeito à própria vida e a tudo e todos os que estão a sua volta.

Junto a essa natureza marítima, surgem muitos momentos que propiciam a recuperação da sintonia consigo e com o seu entorno. Somos parte de um todo, somos uma gota do oceano, um pingo de chuva, um grão de areia, estamos no todo, e ele está em nós. Sintonizamo-nos com todos os seres quando vivenciamos cada instante da nossa vida, com a mente e o coração abertos para acolher o que é novo ou o que ainda não entendemos.

O vento, o sol, a água do mar, os pés na areia, tudo contribui para uma maior conexão com a natureza, e realmente isso muda completamente a vida de uma pessoa, de uma família. A saúde tão almejada por todos chega como consequência de se estar mais tranquilo, com hábitos mais saudáveis.

Como seria pensar que esses benefícios de morar em um litoral poderiam ser usufruídos em passeios ou em férias? Quem sabe abrir nossa mente para outros lugares? Moramos em um planeta que é muito rico em mares, em rios, lagos, montanhas, Sol, neve, inesperadas paisagens que se apresentam quando procuramos expandir nossos horizontes. Quantas raças, quantos povos e culturas diferentes que podemos procurar conhecer e que podem trazer outras experiências que proporcionem o enriquecimento da nossa passagem neste mundo.

Vale aqui citar as palavras inspiradas de Selena, que sempre traz profundos ensinamentos sobre a natureza:

> "Na natureza, encontramos tudo o que precisamos para viver bem, com saúde, com harmonia, com alegria. Abram suas mentes, seus corações, vocês podem viver com mais qualidade. É preciso ter consciência de que na natureza encontramos tudo o que precisamos. Basta respeitar a natureza e procurar aprender tudo o que ela tem para compartilhar conosco."

20
Mudando de vida: um convite para se conectar com o mundo das plantas

Que tal pensar em melhorar a qualidade de nossa vida buscando um maior contato com o mundo verde, a natureza exuberante de uma mata, de um lago rodeado de árvores, de uma planície com flores, com pedras e arbustos? Aproveitar o momento da chegada da aposentadoria para resgatar uma vida mais saudável em meio à natureza, onde predomina a diversidade de plantas, de diferentes tons de verde, do colorido das flores, onde envolventes energias de tranquilidade trazem bem-estar integral.

Estudos científicos comprovam como as plantas reagem à música, ao contato com os humanos, ao tipo de tratamento que elas recebem. Quantas vezes vivenciamos ou até mesmo soubemos de alguém que, após receber uma visita, alguma flor ou planta do local ficou murcha ou até secou? Ao conversar com as plantas, notamos que elas respondem à forma como são tratadas, tornando-se mais viçosas e crescendo mais. Então, observando o reino das plantas e como ele interage conosco, vemos o quanto é benéfico habitarmos em local com bastante vegetação.

Imagine a sensação de satisfação em uma caminhada por uma alameda ou parque onde, além de respirarmos livres de poluições, sentimos aromas que nos envolvem e que despertam sinapses neurais que atuam em nosso organismo, trazendo profundo bem-estar e saúde. A experiência de poder abraçar uma planta de manjericão ou de malva-cheirosa é inigualável. Ao aspirar profundamente seus perfumes, sentimos a emanação de energias que atuam na hora, equilibrando-nos, trazendo uma sensação de leveza e alegria. Quando temos a oportunidade de caminhar descalços sobre a grama, nos conectamos com a força da terra, onde drenamos as preocupações e renovamos nossas forças e nossas energias.

Aprender a cultivar uma horta, mexer na terra, regar, plantar flores, ervas para chás, temperos, enfim, interagir com o reino vegetal é entender os ciclos da natureza, respeitando-a, pois estamos diretamente ligados, afinal, são os nossos ciclos ali espelhados. Em qualquer lugar onde estivermos, seja casa ou apartamento, longe ou perto de árvores e arbustos, podemos nos rodear de vasos com flores, com variadas plantas ornamentais, com temperos e usufruir desse contato vibracional saudável.

Na natureza, encontramos tudo o que precisamos para viver bem. Dela são retirados elementos que são transformados em preparos medicinais, preparos para higiene, cremes e alimentação, além dos outros benefícios já citados. É por intermédio da natureza que recebemos muitos ensinamentos.

Para refletirmos sobre isso, registro aqui um trecho do livro *O vale dos dragões – o despertar*, de Izabel C. Heberle:

"Conseguir observar o orvalho doce sobre as folhagens, sobre as pétalas de flores, sobre a grama verde. Observar o nascer do Sol e tudo que ele nos traz, o calor, a fartura, a vida, é renascer, é acordar todos os dias apesar das dificuldades, com olhos voltados para a vida, as coisas não são de todo negativas, sempre há beleza em todas as coisas, depende de como olhamos para elas. Assim como as árvores, damos frutos pela vida, alguns cítricos, outros amargos, porém na maioria das vezes os doces são produzidos na maturidade, pois é quando aprendemos a administrar nossas emoções e, finalmente, aprendemos que a vida tem um fluxo perfeito."

21
Mudar de vida também é acolher as diferenças

A reflexão sobre a questão de dogmas, preceitos e códigos está presente e proporciona a oportunidade para a busca do tornar-se mais flexível para observar as situações que podem surgir em momentos inesperados. Nesse contexto, podemos notar o quanto as pessoas ainda precisam estar dentro de um conjunto que lhes seja familiar e que traga uma direção.

Faz parte da nossa cultura o estar inserido em um grupo, seja religioso, político, pedagógico ou de atividades físicas, mesmo que ocorra ocasionalmente, pois isso é definidor de um *status* social que permite a participação em uma comunidade – mesmo que essa participação seja em apenas rodas de conversas.

Em algumas ocasiões ocorrem circunstâncias que surpreendem, ocasionando, em um primeiro momento, reações preconceituosas e rápido julgamento. No entanto, quando se permite observar atentamente o contexto de forma mais ampla, olhando com atenção todos os atores da cena, notamos que algo que não aceitamos pode estar fazendo bem para outras pessoas. É o exercício do respeito ao próximo e do acolhimento das diferenças.

Mesmo discordando de alguns pontos de vista, sempre existe a oportunidade de novas aprendizagens. Pode-se também, respeitosamente, contribuir acrescentando estímulos positivos com novos pontos de vista e gerando diferentes reflexões.

O encontro com outra pessoa ou com grupos deixa o legado do compartilhamento de outras histórias, outros saberes, outras experiências que trazem segurança e amparo na caminhada de cada um ali presente. É nesses momentos que nós nos construímos, nos reinventamos, abastecendo nossa fé e confortando o coração na suave aceitação das diferenças.

Dentro desse contexto, coloco aqui uma parte do artigo "Como anda seu julgamento?", de Izabel C. Heberle, como mais um aspecto para ponderação:

> "Cada um tem o seu tempo e suas próprias referências internas, e justamente por essa razão, em um mundo que por si só já é duro e inflexível na maior parte das vezes, deveríamos ser mais acolhedores e menos julgadores. O que o outro faz ou deixa de fazer não nos diz respeito, pois estamos neste mundo, nesta experiência terrena, justamente, para refinar todas essas posturas, aprender o que se faz necessário e evoluir em todos os aspectos. Lembrando que cada um tem o seu tempo."

22
Onde buscar a alegria?

Onde buscar a alegria, o conforto e a harmonia para entender o que está sentindo e vivendo é um questionamento bem recorrente, principalmente na vida de quem está no momento da terceira idade. O fato é que o ser humano não é preparado para viver essa etapa da vida. As crianças são preparadas para estudar, ensinadas para vivenciar diferentes tarefas no seu cotidiano. Os adultos são preparados para o mundo profissional, para os cuidados com os filhos, se os tiverem, e sabem que em algum momento irão se aposentar e deixam para se inteirar sobre o assunto só quando acontecer.

Quando a vida apresenta a realidade de se estar no processo de envelhecimento, os fatos do cotidiano tornam-se surpresas que nem sempre são agradáveis. A descoberta da sua própria fragilidade gera insegurança e uma série de questionamentos. A tendência do ser humano é transferir, buscando o alento, o consolo e a força em outras pessoas ou situações que, muitas vezes, são apenas fugas para a falta de entendimento, entregando-se ao desânimo sem conseguir enfrentar as mudanças que surgem.

É fundamental que se tenha consciência de que está dentro de cada um toda a força necessária para buscar o conhecimento que gera compreensão e prepara para o enfrentamento de novas etapas no processo de aumento da idade. A ação de procurar o que está sendo necessário para a qualidade do envelhecimento deve partir da própria pessoa, sem se colocar na posição de abandonado ou alienado do seu grupo familiar ou social.

Existem harmonia, alegria e condições para se usufruir de bons momentos na velhice, tudo está dentro de cada um e depende do olhar que decide ter com sua própria vida. É a mesma história do copo com a metade de água, cada um o vê de uma maneira diferente, mais cheio ou mais vazio, falta água ou que bom que tem água. É o mesmo olhar para a própria condição, apreciar o lado bom, o presente, buscando maneiras de melhorá-lo, ou se entregar ao vitimismo porque não foi preparado para entender as limitações naturais que começam a acontecer.

Sem viver preso nas memórias do passado, mas é fato que ele é importante, pois construiu o que se é no presente, dele deve-se guardar os ensinamentos e as vivências positivas que trazem bem-estar e alegrias. Fazer das boas recordações a base para se conquistar um presente saudável que possa tornar cada pessoa uma boa companhia para compartilhar a vida.

É fato que cada um só consegue dar o que tem dentro si, então, é só aproveitando cada ocasião e cada experiência do dia a dia que se consegue cultivar valores e conteúdo interno para a própria felicidade. Na simplicidade e na valorização dos instantes vividos, com familiares, amigos, lendo um bom livro, assistindo a um filme, praticando uma atividade física, cuidando de uma casa, de um jardim e de animais, construímos nossos próximos anos.

Está dentro de nós as respostas para os questionamentos, depende de nós, do nosso olhar, de nossas escolhas diárias a maneira como vamos encarar o que vem para nossa vida. Devemos e podemos fazer com que nossa vida tenha sentido, trazer para a nossa existência o amor, a consideração, a benevolência e a paciência, compartilhando indistintamente com alegria, os bons sentimentos e aprendizagens adquiridos no decorrer dos anos.

23
Tempo de amar

Um autor desconhecido escreveu, muito tempo atrás, palavras semelhantes a estas: cada coisa tem o seu tempo neste mundo. Que, assim como tem o tempo de semear, tem o tempo de colher, e que tem um tempo de sorrir e um de chorar. Que também tem o tempo de trabalhar para envelhecer, mas não nos preparamos para envelhecer. Vivemos como se jamais fôssemos envelhecer, mas, veja, a velhice, para quem for agraciado, um dia chegará.

O tempo passa para todos nós, passa em dias, em anos, e quando percebemos nos encontramos mais velhos. Nesse instante, nos damos conta de que as mudanças caminham com o passar dos anos e nos colocam diante de novas responsabilidades, de uma nova visão da vida, nova consciência. Quantas vezes, ao vivenciarmos momentos agradáveis, comentamos como o tempo passou rápido; ou, ao contrário, quando estamos em vivências desagradáveis, reclamamos de como ele demora para passar.

Cada um de nós está dentro de seu tempo e o sente de diferentes maneiras. Mas quantos tempos existem?

Entendemos que à questão cronológica podem-se atribuir valores, os quais, muitas vezes, foram tolhidos no enredo da ilusão da materialidade e do consumismo. No agora, percebemos que é a hora de acordar para o entendimento de que fazemos parte de um elo maior, estamos todos ligados por laços fraternos em que o respeito e a consideração vigoram como forças que fazem este tempo valer a pena.

Este é o tempo de amar. E amar é se harmonizar. E se harmonizar é um encontro consigo, se olhar, se aceitar, buscando e despertando os valores que carrega dentro de si. Se harmonizar é buscar a natureza. Vivemos em um planeta com uma natureza exuberante e de muita beleza, que nos proporciona alimento, saúde, bem-estar e nos equilibra. Seja no mar, nas matas, em jardins, junto a amigos ou familiares, nesses momentos está havendo uma troca, emitimos e recebemos, e assim, conscientemente, podemos dar sentido ao nosso tempo.

Os mesmos laços fraternais que nos unem a familiares, a amigos e a toda a humanidade também nos ligam à natureza. O respeito, a consideração e os cuidados devem ser os mesmos, não podemos nos esquecer de que até para respirarmos precisamos de um ar saudável. Se estamos cientes de que somos um elo da corrente da vida, é bom compreendermos que todos também estão ligados e são corresponsáveis pela busca de uma harmonia maior. Nossos sentimentos e pensamentos, materializando-se em nossas ações, vão cooperar para a edificação de um mundo mais saudável. Podemos contribuir realizando o nosso melhor, buscando fazer com que o tempo em que aqui estivermos tenha valor e que seja repleto de qualidade e envolvido na serena consciência de quem fez a sua parte.

Considerações finais

Chegamos ao final deste livro, que consideramos o início de uma caminhada que nos deu o impulso necessário para o mergulho tão adiado. O mergulho para dentro de si.

É tão difícil fazer esse caminho, pois exige dedicação e um olhar amoroso para si mesmo, um olhar gentil e carinhoso que geralmente esperamos que venha de fora.

A leitura destes pequenos textos compilados, com certeza, despertará reflexões importantes no processo de cada um, lembrando que cada um tem o seu processo, que é individual e intransferível e, mais cedo ou mais tarde, todos vamos passar por esse aprendizado.

Esse tema é relevante para o contexto a que estamos inseridos, não apenas individualmente como também a nível de consciência planetária, sendo relevante e de suma importância para reconhecermos a oportunidade de crescimento que ora se apresenta. Mudar não é mais uma opção, é uma necessidade perante o atual cenário mundial, não somente a nível espiritual, mas a nível de consciência, seja na política, na economia ou na espiritualidade.

Esperamos que você, querido leitor, tenha encontrado ao longo destas páginas inspirações que contribuam para reconhecer a sua frequência pessoal e reconhecer em que momento está nessa era do despertar. Que ao agregar mais conhecimento, possa ter o impulso necessário para iniciar uma nova etapa de autoconhecimento, autoamor e autorrespeito, aprendendo a respeitar o seu próprio tempo, seu despertar interno, contemplando sua mente e seu coração. Essa experiência é única!

Agradecemos por nos permitir compartilhar nossa visão do momento que requer atenção e ação não para fora, e sim para dentro, porque o tempo de mudar é agora, e a hora é já.

Este primeiro passo é um bom começo!

IMPRESSÃO:

Santa Maria - RS | Fone: (55) 3220.4500
www.graficapallotti.com.br